国家自然科学基金青年项目（71403086）

教育部人文社会科学研究基金青年项目（14YJC630170）

湖南省自然科学基金青年项目（14JJ3064）

湖南省哲学社会科学基金青年项目（13YBA073）

企业资源禀赋与新产品开发

姚　铮　马超群　著

中国财经出版传媒集团

经济科学出版社

Economic Science Press

图书在版编目（CIP）数据

企业资源禀赋与新产品开发/姚铮，马超群著. —北京：
经济科学出版社，2017.6
ISBN 978 - 7 - 5141 - 8118 - 0

Ⅰ.①企…　Ⅱ.①姚…②马…　Ⅲ.①企业管理 - 产品
开发 - 研究　Ⅳ.①F273.2

中国版本图书馆 CIP 数据核字（2017）第 136613 号

责任编辑：周国强　程辛宁
责任校对：杨　海
责任印制：邱　天

企业资源禀赋与新产品开发
姚　铮　马超群　著
经济科学出版社出版、发行　新华书店经销
社址：北京市海淀区阜成路甲 28 号　邮编：100142
总编部电话：010 - 88191217　发行部电话：010 - 88191522
网址：www. esp. com. cn
电子邮件：esp@ esp. com. cn
天猫网店：经济科学出版社旗舰店
网址：http://jjkxcbs. tmall. com
固安华明印业有限公司印装
710×1000　16 开　11.75 印张　200000 字
2017 年 6 月第 1 版　2017 年 6 月第 1 次印刷
ISBN 978 - 7 - 5141 - 8118 - 0　定价：48.00 元
（图书出现印装问题，本社负责调换。电话：010 - 88191510）
（版权所有　侵权必究　举报电话：010 - 88191586
电子邮箱：dbts@ esp. com. cn）

前　言

　　新产品开发是一个企业生存与发展的战略核心与灵魂，是一个企业永葆生命活力与不断创新发展的基石与动力，世界各国都纷纷将新产品开发作为驱动经济发展、提升国际竞争力的重要手段，如何提升新产品开发绩效是各国政府与企业孜孜以求的目标之一。在开放式创新时代背景下，全球创新活动日新月异、产品创新业务不断涌现、各国新产品开发联动效应不断增强，新产品开发向多个产业渗透，世界各国都面临着通过新产品开发改造产业价值链、重塑产业竞争力的挑战。改革开放近四十年来，我国企业新产品开发能力虽然有了明显的提高，但有效提升新产品开发绩效的制约因素仍然较多，比较突出的是面临着资源禀赋对新产品开发绩效的严重制约，尤其是关键资源对企业新产品开发绩效作用机理不明晰，新产品开发风险大。在这种情况下，如何有效促进资源禀赋对新产品的成功开发已经成为我国政府与企业日益迫切需要解决的重要问题。

　　事实上，传统的企业新产品开发理论认识到资源禀赋对新产品开发绩效的重要意义，部分地揭示了不同资源对新产品开发绩效的作用机理，但遗憾的是并没有将企业资源及其获取战略、匹配模式与能力构建从系统论角度有效统一起来。因此，如何从企业开放式创新的本质出发辨识出新产品开发中的一些关键性资源，如何拓展企业新产品开发关键性资源分析维度，如何从

i

不同层面揭示企业资源禀赋作用新产品开发绩效的机理，如何提出开放式创新中企业资源获取战略、匹配模式以及能力构建策略，如何深入挖掘企业新产品开发成功内在的原理与规律，所有这些都成为企业新产品开发管理研究所必须解决的关键科学问题。

本书围绕开放式创新中企业资源禀赋对新产品开发绩效作用机理这一研究主题，从开放式创新中企业资源禀赋本质出发，在机理分析与数据分析相结合、理论研究与实证研究相结合的基础上，采用深度访谈与问卷调查、文本数据挖掘技术收集研究数据，运用探索性因子分析、验证性因子分析、结构方程模型、多元分层回归分析等管理统计分析方法，从营销与技术资源、客户与技术资源获取战略、网络与技术资源匹配模式、知识资源互补性与吸收效率、知识资源与创新能力不同层面，系统深入地研究开放式创新中企业资源及其获取战略、匹配模式、能力构建作用新产品开发绩效机理问题。得出以下主要研究结论：

针对开放式创新中企业资源作用新产品开发绩效机理不明晰的问题，建立了企业营销与技术两类关键资源及其交互效应对新产品开发风险与新产品开发市场绩效的作用机理模型，深刻揭示出开放式创新中企业营销资源、技术资源与新产品开发风险、新产品开发市场绩效之间复杂的非线性关系：营销资源对新产品开发市场绩效有正向边际递减的作用，技术资源对新产品开发风险有负向边际递减的作用、对新产品开发市场绩效有正向边际递减的作用，营销与技术资源的交互效应对新产品开发风险有负向边际递减的作用。

针对开放式创新中企业如何获取资源以提升新产品开发绩效的问题，提出了企业客户资源挖掘—技术资源探索、客户资源探索—技术资源挖掘、客户资源探索—技术资源探索、客户资源挖掘—技术资源挖掘四种资源获取战略，构建了开放式创新中企业客户资源挖掘/探索—技术资源探索/挖掘战略与新产品开发绩效关系模型，明晰了基于开放式创新的企业客户资源与技术资源获取战略对新产品开发绩效的作用机理：客户资源挖掘—技术资源探索战略能提高新产品开发市场绩效、降低新产品开发风险，客户资源探索—技术资源探索战略将降低新产品开发市场绩效、增大新产品开发风险，客户资源挖掘—技术资源挖掘战略将增大新产品开发风险。

针对开放式创新中企业如何匹配资源以促进新产品成功开发的难题，深入研究了不同程度网络资源与技术资源组合模式作用新产品开发市场绩效与新产品开发风险的机理，探究了产品多元化在其中所起的调节效应，检验了开放式创新中企业新产品开发网络资源与技术资源的匹配关系：网络资源广度—技术资源深度组合，以及网络资源深度—技术资源广度组合对新产品开发市场绩效有正向作用、对新产品开发风险有负向作用；网络资源广度—技术资源广度组合以及网络资源深度—技术资源深度组合对新产品开发市场绩效有负向作用、对新产品开发风险有正向作用；产品多元化正向调节网络资源广度—技术资源深度组合与新产品开发风险之间的关系以及网络资源广度—技术资源广度组合与新产品开发市场绩效、新产品开发风险之间的关系。

针对传统研究中忽视知识吸收效率中介作用的局限，构建了以知识吸收效率为中介的知识资源互补性作用新产品开发绩效机理模型，全面揭示出开放式创新中知识吸收效率在企业知识资源互补性与新产品开发绩效之间的完全中介作用以及组织结构部门化与学习文化在其中所起的调节效应：知识资源互补性对知识吸收效率有显著正向作用，组织结构部门化负向调节知识资源互补性与知识吸收效率之间的关系，组织学习文化正向调节知识资源互补性与知识吸收效率之间的关系，知识吸收效率对新产品开发绩效有正向促进并在知识资源互补性与新产品开发绩效之间起完全中介作用。

针对如何挖掘创新能力在企业知识资源与新产品开发绩效关系中的作用问题，建立了嵌入创新能力的不同程度知识资源作用新产品开发绩效机理模型，深层次揭示出开放式创新中以创新能力为中介、产品多元化为调节的知识资源作用新产品开发绩效的内在路径：知识资源广度正向作用创新能力、新产品数量、开发速度与财务回报，知识资源深度正向促进创新能力与新产品质量；创新能力正向作用新产品数量、开发速度与财务回报，并在知识资源广度与新产品数量、开发速度、财务回报之间起部分中介作用；产品多元化正向调节知识资源广度与新产品数量、财务回报之间的关系，以及创新能力与新产品数量、财务回报之间的关系。

本书全面深刻地揭示出开放式创新中企业资源禀赋作用新产品开发绩效的过程与机理，为本领域研究提供了一种新的视角。研究成果能进一步拓展企业新产品开发以及开放式创新等领域的研究深度，丰富创新管理、资源管理、知识管理等相关领域的理论与方法，对于提高企业资源利用效率、提升企业新产品开发绩效、降低开发风险具有重要的理论与实践意义。

i

第1章　绪　　论

1.1 研究背景与意义

1.1.1 研究背景

众所周知，新产品开发是一个企业生存与发展的战略核心，是一个企业永葆生命活力与不断创新发展的基石与动力，是决定企业能否实现持续稳定发展的关键因素，甚至是催生新兴产业的重要力量。世界各国政府都纷纷将新产品开发作为驱动经济发展，提升国际竞争力的重要手段，但是企业如果不及时更新产品，就可能导致企业出现生存危机。由此可见，持续有效的新产品开发活动更直接涉及国家创新能力的提升，在各国产业创新发展中占有举足轻重的地位。因此，如何提升新产品开发绩效已成为各国企业孜孜以求的战略目标之一。特别是在消费互联网与产业互联网共生的时代，在全球创新活动日新月异、产品创新业务不断涌现、产品生命周期大大缩短、各国新产品开发联动效应不断增强的国际背景下，新产品开发向多个产业渗透，全球各国都面临着通过新产品开发改造产业价值链、重塑产业竞争力的挑战。但是，全球各国企业都面临着资源禀赋对新产品开发的严重制约。改革开放近四十年来，我国企业新产品开发能力有了明显的提高，但有效提升新产品开发绩效的制约因素仍然很多，尤其是我国企业资源流动性较弱、资源禀赋对新产品开发的制约现象比较严重，企业关键资源对新产品开发绩效的作用机理不明晰，新产品开发风险大。在这种背景下，如何有效促进资源禀赋对新产品的成功开发已经成为各国政府与企业日益迫切须要解决的重要问题。

事实上，世界各大重要经济体都提出了以新产品开发为核心理念的创新战略以提高其核心竞争力。2015 年中国政府全面推行"中国制造 2025"的国家战略，鼓励企业开发出高效智能、拥有核心竞争力的新产品，尤其是自李克强总理在 2015 年政府工作报告中提出"大众创业，万众创新"以来，我国新产品开发活动开展得如火如荼，国家推出的一系列创新发展政策与措施正在对经济转型与产业升级产生深刻变化。而基于互联网技术发展起来的"第三次工业革命"（杰里米·里夫金，2012）[1]更是推动着资源的全球配置与资本的快速流动，使全球创新产品层出不穷，给世界竞争格局带来了深刻变革。在当前这样一种充满不确定性的环境中，持续有效的创新成为企业实现基业长青的关键。新产品开发是企业利用所拥有的资源与能力创造新产品、改良旧产品的过程（Cooper，2003）[2]，也是知识管理的过程，具有改变企业资源配置的作用（Eisenhardt & Martin，2000）[3]，不仅决定着企业当前的市场地位，而且对企业未来的发展有深远影响（Song & Parry，1997）[4]。对任何企业而言，新产品开发都是一项高风险的活动，需要耗费大量资源。随着新产品开发的技术需求以及制造流程日益复杂，所需资源的广度与深度都在不断增加，这就客观决定了企业需要融合各方面多层次的资源，尤其是新工业革命、开放式创新（Chesbrough，2003a）[5]时代背景下不同层面的各种资源。

然而，任何实力雄厚的企业都不可能拥有创新所需的全部技术与资源（Teece，1986）[6]，众多企业正是通过领先型、追随型、替代型、混合型等多种方式跨越原有技术边界进入新产品领域，这正是创新网络跨越产业边界不断扩张的表现。因此，企业亟须与其他各种创新网络建立多维联系，形成协同创新网络，以促进创新资源的集成与协同。企业尤其必须与供应商、客户、甚至竞争对手合作（Chesbrough，2003b）[7]，借助最新的信息技术、先进的制造技术，从封闭、简单、线性的创新模式向开放、协同、网络化的创新模式转变，采用"开放式创新"（open innovation）的模式（Chesbrough，2003a）[5]，充分运用企业内外部的各种资源，以获得新产品的成功开发。苹果、思科、英特尔等一批拥有智慧头脑的高技术企业都是"开放式创新"的先行者，亚马逊、宝洁等不少具备战略眼光的传统、成熟行业企业也是运用"开放式创新"促使新产品开发更富成效的典型例子，它们将开放式创新资源融入新产品开发中，更快速地推出更高品质的新产品。

企业新产品开发理论认为资源禀赋是提升企业新产品开发绩效的核心，在此领域的研究卓有成效（Kahraman et al.，2007；Mullins & Sutherland，1998；刘政方等，2009；朱秀梅等，2011；Chen et al.，2007；Calantone et al.，1999；陈弘，2006；李亚峰等，2010；Montoya - Weiss & Calantone，1994；Griffin & Hauser，1996；Hoegl & Schulze，2005；Gerwin & Barrowman，2002；方炜等，2005；曹洲涛和彭小丰，2012）[8-21]，尤其是在宏中观层面从资源管理视角对新产品开发进行了深入研究，部分揭示了不同资源对新产品开发绩效的作用机理。但是对新产品开发过程中一些重要资源及其获取、匹配、运用等具体问题并没有进行深入细致的研究，也鲜见从开放式创新角度系统研究企业资源禀赋对新产品开发绩效作用机理的文献。那么，如何从企业开放式创新的本质出发辨识出新产品开发中的一些关键性资源，如何拓展企业新产品开发关键性资源分析维度，如何从不同层面揭示企业资源禀赋对新产品开发绩效的作用机理，如何提出开放式创新中企业资源获取战略、匹配模式以及能力构建策略，这些都是开放式创新中企业新产品开发管理研究亟须解决的关键科学问题。

正因为如此，本研究将企业关键资源及其获取、匹配和能力问题统一起来，从系统论的角度深入研究开放式创新中企业关键资源及其获取战略、匹配模式与能力构建对新产品开发绩效的作用机理，探究开放式创新中企业一些关键性资源与新产品开发绩效之间究竟是一种怎样的关系？企业应该如何建立资源获取战略以促进新产品开发的成功？企业在不同情境下应该如何构建不同层面资源匹配模式以提升新产品开发绩效？企业战略资源是通过怎样的机制对新产品开发绩效产生作用？企业应该如何建立组织的结构与文化来增强这种作用？在不同情境下企业应该如何发展自身能力以利用战略资源来促进新产品开发？通过解决这几个紧密相关的问题，深层次挖掘出开放式创新中企业资源禀赋促进新产品成功开发的内在规律。

1.1.2 研究意义

目前,国内外学术界针对企业新产品开发领域进行了大量研究,不断发展与丰富了相关理论,但是从现有文献来看,有关企业资源禀赋影响新产品开发绩效机理在研究内容与理论逻辑上比较分散,尚未形成系统的理论分析框架。本研究基于开放式创新中企业资源维度划分与定量测度,从资源及其获取战略、匹配模式与能力构建的不同层面,研究资源禀赋作用新产品开发绩效的机理问题,这将为本领域提供一种新的研究视角;本研究分析开放式创新中企业营销与技术两类关键资源及其交互效应对新产品开发绩效的作用机理,提出企业客户资源与技术资源获取方法,建立企业新产品开发网络资源与技术资源匹配模式,探究知识吸收效率在企业知识资源互补性与新产品开发绩效之间的完全中介机制,检验以创新能力为中介的知识资源作用新产品开发绩效的内在路径,全面深刻揭示企业资源禀赋转化为新产品开发绩效的过程与机理,这是一项探索性的工作,具有较强的理论性与创新性。相对于企业新产品开发问题的先期研究,本研究特别注重理论建模与计量实证,在对开放式创新中企业关键资源、吸收效率、创新能力等变量进行维度划分与定量测度基础上,运用深入访谈与调查问卷方式从制造业企业、国际合资企业收集调研数据,采用文本数据挖掘技术从众包网站收集在线数据,从多角度、多层面实证检验建立的理论模型。研究成果能进一步拓展企业新产品开发以及开放式创新等领域的研究深度,丰富创新管理、资源管理、知识管理等相关领域的理论与方法,具有重要的科学价值与理论意义。

开放式创新以全球网络为平台,形成错综复杂的协同创新网络,集聚了大量宝贵的异质性资源,成为拥有智慧头脑与战略眼光的企业积极关注与实践的创新模式,因此,本研究就具有十分重要的现实价值。本研究基于开放式创新中企业客户资源与技术资源获取、网络资源与技术资源组合作用新产品开发绩效的关键路径,结合开放式创新中企业新产品开发的现状与问题,提出客户资源与技术资源获取战略、网络资源与技术资源匹配模式的选择思路、具体措施以及实施策略，具有较强的可操作性与实用性。研究成果既能为企业有效运用资源禀赋促进新产品开发提供新的方法与实现途径，也能为企业提升创新资源管理水平、维持竞争优势提供具体的理论指导；同时，也将为政府设计与制定相关政策来引导企业新产品开发健康发展提供决策建议与参考；所有这些对于提高我国企业资源利用效率、提升新产品开发绩效、降低开发风险具有重要的应用价值与实践意义。

1.2　研究内容与方法

1.2.1　研究内容

本研究从开放式创新中企业关键性资源及其获取战略、匹配模式与能力构建不同层面，采用理论分析与实证研究相结合的方法，通过以下五个子研究逐层展开：

研究1：营销与技术资源对新产品开发绩效作用机理研究。

系统分析开放式创新中企业营销与技术两类关键资源及其交互效应对新产品开发风险与新产品开发市场绩效的作用机理，构建相应的理论模型，深入制造业企业实地调研收集研究数据，实证检验提出的理论模型。

研究2：新产品开发中客户与技术资源获取战略研究。

基于开放式创新视角，从向内挖掘与向外探索不同维度分析企业客户与技术资源获取方式，提出客户资源挖掘—技术资源探索、客户资源探索—技术资源挖掘、客户资源探索—技术资源探索、客户资源挖掘—技术资源挖掘四种资源获取战略，构建不同资源获取战略作用新产品开发绩效的理论模型，运用制造业企业调研数据进行实证，验证构建的理论模型。

研究3：新产品开发网络与技术资源匹配模式研究。

从广度与深度不同维度分解开放式创新中企业的网络与技术资源，建立网络资源广度—技术资源深度、网络资源广度—技术资源广度、网络资源深度—技术资源深度、网络资源深度—技术资源广度资源匹配模式，构建以产品多元化为调节的资源匹配模式作用新产品开发绩效的理论模型，运用制造业企业实地调研数据，检验提出的理论模型。

研究4：知识资源互补性、吸收效率与新产品开发绩效关系研究。

全面分析开放式创新中企业知识吸收效率在知识资源互补性与新产品开发绩效之间所起的中介作用，探索组织结构部门化、组织学习文化在其中所起的调节作用，建立以吸收效率为中介的知识资源互补性作用新产品开发绩效的理论模型，深入国际合资企业实地调研收集二元数据，实证检验建立的理论模型。

研究5：嵌入创新能力的知识资源作用新产品开发绩效机理研究。

深入分析开放式创新中知识资源广度与深度不同维度作用新产品开发绩效的机理，探究创新能力在其中所起的中介作用以及产品多元化战略在其中所起的调节作用，建立嵌入创新能力的知识资源作用新产品开发绩效的理论模型，运用文本数据挖掘方法收集众包网站在线数据进行实证，检验相关的理论模型。

按照"企业不同资源→资源获取的不同战略→资源匹配的不同模式→企业利用资源的不同能力等对新产品开发绩效的作用机理"的逻辑思路开展研究。

在研究"企业不同资源对新产品开发绩效的作用机理"问题中，德鲁克指出营销与创新是企业仅有的两个基本职能，而营销资源与技术资源是与之相对应的两类资源；因此，本研究选取营销资源与技术资源作为企业两类关键性资源，研究这两类资源及其交互效应对新产品开发绩效的作用机理。

在研究"资源获取的不同战略对新产品开发绩效的作用机理"问题中，由于创新与商业化已被学者们认为是企业创新中最为重要的两类活动，而技术资源与客户资源是与之相对应的两类资源；此外，资源获取方式一般可分为外部获取和内部培育两种方式，类似于向外部探索与向内部挖掘的资源获取方式；由此，本研究选取技术与客户两类重要资源，探究这两类资源向内挖掘或向外探索组合获取战略对新产品开发绩效的作用机理。

在研究"资源匹配的不同模式对新产品开发绩效的作用机理"问题中，由于新产品开发的技术需求及制造流程日益复杂，所需资源的广度与深度都在不断增加，客观上决定了企业需要融合各方面、多层次的资源，尤其是新工业革命、开放式创新时代背景下的网络资源与技术资源；基于此，本研究选取网络与技术两类核心资源，从广度和深度将这两类资源进行分解，研究不同程度的网络与技术资源组合模式对新产品开发绩效的作用机理。

在研究"企业利用资源的不同能力对新产品开发绩效的作用机理"问题中，正如德鲁克所言真正支配性的资源、绝对决定性的生产要素是知识，企业间互补性知识资源能够产生协同效应，而知识吸收效率作为一种企业能力，在综合运用互补性知识资源促进新产品开发中发挥着重要作用；此外，新产品开发本质上是对知识资源的获取、共享、应用及转化，在此过程中企业需要具备与之匹配的创新能力；基于此，本研究选取知识资源为对象，研究以知识吸收效率为中介的知识资源互补性对新产品开发绩效的作用机理，以及嵌入创新能力的知识资源对新产品开发绩效的作用机理。

本研究共分为八章，具体研究内容与结构安排如下：

第1章，绪论。首先阐述研究背景与意义，明确研究问题；在此基础上介绍研究思路、内容与结构安排，并进一步论述研究方法；最后提出主要创新点。

第2章，理论基础与文献综述。本章首先对本研究所涉及的资源基础理论、创新管理理论、社会网络理论、知识管理理论等相关理论基础进行总结；然后从开放式创新内涵、影响因素与绩效产出等方面综述开放式创新相关研究；从新产品开发内涵、绩效影响因素与绩效测度等方面综述新产品开发相关研究；为后续研究奠定理论基础。

第3章，营销与技术资源对新产品开发绩效作用机理。基于资源基础理论与开放式创新相关研究，本章研究企业开放式创新中营销与技术两类关键资源及其交互效应对新产品开发风险与市场绩效的作用机理；运用中国制造业企业实地调研的一手数据，揭示并验证营销、技术资源与新产品开发风险、市场绩效之间存在复杂的非线性关系：营销资源对新产品开发市场绩效有正向边际递减的作用，技术资源对新产品开发风险有负向边际递减的作用、对新产品开发市场绩效有正向边际递减的作用，营销与技术资源的交互效应对新产品开发风险有负向边际递减的作用。

第4章，新产品开发中客户与技术资源获取战略。本章构建开放式创新中企业客户资源挖掘—技术资源探索、客户资源探索—技术资源挖掘、客户资源探索—技术资源探索、客户资源挖掘—技术资源挖掘四种资源获取战略；运用中国制造业企业调查数据展开实证，揭示并验证客户资源挖掘/探索—技术资源探索/挖掘战略作用新产品开发绩效的内在机理：客户资源挖掘—技术资源探索战略能提高新产品开发市场绩效、降低新产品开发风险，客户资源探索—技术资源探索战略将降低新产品开发市场绩效、增大新产品开发风险，客户资源挖掘—技术资源挖掘战略将增大新产品开发风险。

第5章，新产品开发网络与技术资源匹配模式。结合资源基础理论与社会网络理论，本章进一步深入探究开放式创新中企业新产品开发不同程度网络—技术资源组合对新产品开发市场绩效与风险的作用机理；运用制造业企业新产品开发实地调研数据，揭示并验证企业新产品开发网络资源与技术资源的匹配关系：网络资源广度—技术资源深度组合以及网络资源深度—技术资源广度组合对新产品开发市场绩效有正向作用、对新产品开发风险有负向作用，网络资源广度—技术资源广度组合以及网络资源深度—技术资源深度组合对新产品开发市场绩效有负向作用、对新产品开发风险有正向作用，产品多元化正向调节网络资源广度—技术资源深度组合与新产品开发风险之间的关系以及网络资源广度—技术资源广度组合与新产品开发市场绩效、新产品开发风险之间的关系。

第6章，知识资源互补性、吸收效率与新产品开发绩效。基于资源基础理论与知识管理理论，本章建立开放式创新中以知识吸收效率为中介变量、组织结构部门化与学习文化为调节变量的知识资源互补性作用新产品开发绩效机理模型；运用国际合资企业实地调研的二元数据，揭示并验证知识资源互补性、知识吸收效率作用新产品开发绩效的内在路径：知识资源互补性对知识吸收效率有显著正向作用，组织结构部门化负向调节知识资源互补性与知识吸收效率之间的关系，组织学习文化正向调节知识资源互补性与知识吸收效率之间的关系，知识吸收效率对新产品开发绩效有正向促进并在知识资源互补性与新产品开发绩效之间起完全中介作用。

第7章，嵌入创新能力的知识资源作用新产品开发绩效机理。本章建立开放式创新中嵌入创新能力的知识资源对新产品开发绩效的作用机理模型；运用文本数据挖掘技术收集众包平台在线数据，揭示并验证知识资源广度/深度、创新能力对新产品开发绩效的作用机理：知识资源广度正向作用创新能力、新产品数量、开发速度与财务回报，知识资源深度正向促进创新能力与新产品质量，创新能力正向作用新产品数量、开发速度与财务回报，创新能力在知识资源广度与新产品数量、开发速度、财务回报之间关系中起部分中介作用，产品多元化正向调节知识资源广度与新产品数量、财务回报之间的关系以及创新能力与新产品数量、财务回报之间的关系。

第8章，结论与展望。总结与概括主要研究结论与理论贡献，指出本研究存在的局限与未来研究的方向。

1.2.2　研究方法

本研究采用的主要方法包括规范的理论分析、文献荟萃分析、内容分析法、典型案例分析、深度访谈、比较分析、机理分析、数据与统计分析、计量分析与建模分析、实证分析等分析工具，以及文本数据挖掘技术等方法，根据研究内容具体研究方法包括：

（1）文献荟萃分析与内容分析法。主要运用文献研究方法，对开放式创新、企业资源管理、多元化战略、吸收能力、创新能力以及新产品开发等领域的前沿研究成果，全球范围搜索中外各大型经济管理类数据库、研究文献、统计资料与研究报告，运用荟萃分析法对筛选后的文献资料进行分析；运用内容分析法对论文、专著、学位论文、行业分析报告等进行分析，为各变量界定、维度划分、测度以及作用机理模型构建与研究假设提出提供理论和文献依据；从研究的科学问题出发，对资源基础理论、创新管理理论、社会网络理论、知识管理理论等方面进行系统的文献梳理，形成本研究框架、找出研究的突破口。

（2）理论研究和实证研究相结合的方法。理论部分主要提供建模指导，主要运用规范的理论研究方法与建模分析方法，从开放式创新中企业资源禀赋本质出发，在数据分析与机理分析相结合、定性分析与价值分析相结合的基础上，建立开放式创新中营销和技术资源、客户和技术资源获取、网络和技术资源匹配、知识资源互补性及吸收效率、知识资源及创新能力影响新产品开发绩效的机理模型；揭示开放式创新中企业资源及其获取战略、匹配模式与能力构建对新产品开发绩效的作用机理；同时结合数理统计、计量经济学等相关理论与模型，提出企业新产品开发过程中不同层面的资源获取战略、匹配模式以及能力构建策略。

实证部分则根据理论模型与变量测度指标，一方面，运用深度访谈与问卷调查的方式，深入新产品开发活动比较活跃的中国制造业企业和国际合资企业收集第一手翔实的研究数据；另一方面，综合运用数据挖掘技术、网络爬虫软件以及自行开发的 JAVA 程序，从基于开放式创新的众包社区数据源采集大规模在线数据。根据设计的测度指标量化相关变量，采用探索性因子分析、验证性因子分析、结构方程模型、多元分层回归分析等管理统计分析方法，运用 SPSS、AMOS 软件对概念模型及研究假设进行计算验证，并对模型进行调整与优化；通过对构建的多层次变量关系模型进行实证研究，分析其实证效果并确定其适应范围；采用对比研究方法，对同一个问题，在同样信息基础上，从预测性能、实现复杂度、可理解性等多个方面进行比较，同时还有与经典方法的比较，也有不同的新产品开发资源获取以及匹配模式之间的比较。

（3）案例分析法。根据案例研究框架设计和方法对个别典型众包行业与企业进行分阶段跟踪调查。通过非结构性和结构性访谈、跟踪记录等多种方法，全面了解开放式创新中企业资源及其获取、匹配和运用的影响因素以及对新产品开发绩效的作用过程等。

1.3　主要创新点

围绕开放式创新中企业资源禀赋对新产品开发绩效作用机理这一研究主题，从营销与技术资源、客户与技术资源获取战略、网络与技术资源匹配模式、知识资源互补性与吸收效率、知识资源与创新能力不同层面，系统深入地研究了开放式创新中企业资源及其获取战略、匹配模式与能力构建对新产品开发绩效的作用机理。具体而言，本研究有以下几点创新之处：

（1）建立了企业开放式创新中营销与技术两类关键资源及其交互效应对新产品开发风险与市场绩效的作用机理模型，深刻揭示出开放式创新中营销资源、技术资源与新产品开发风险、新产品开发市场绩效之间复杂的非线性的关系：营销资源对新产品开发市场绩效有正向边际递减的作用，技术资源对新产品开发风险有负向边际递减的作用、对新产品开发市场绩效有正向边际递减的作用，营销与技术资源的交互效应对新产品开发风险有负向边际递减的作用。

（2）提出了开放式创新中企业客户资源挖掘—技术资源探索、客户资源探索—技术资源挖掘、客户资源探索—技术资源探索、客户资源挖掘—技术资源挖掘四种资源获取战略，构建了开放式创新中企业客户资源挖掘/探索—技术资源探索/挖掘战略作用新产品开发绩效的机理模型，明晰了基于开放式创新的企业客户资源和技术资源获取战略与新产品开发绩效之间的关系：客户资源挖掘—技术资源探索战略能提高新产品开发市场绩效、降低新产品开发风险，客户资源探索—技术资源探索战略将降低新产品开发市场绩效、增大新产品开发风险，客户资源挖掘—技术资源挖掘战略将增大新产品开发风险。

（3）揭示了开放式创新中企业不同程度网络—技术资源组合作用新产品开发市场绩效与新产品开发风险的机理，深入探究了产品多元化在其中所起的调节效应，检验了企业新产品开发网络资源与技术资源的匹配关系：网络资源广度—技术资源深度组合以及网络资源深度—技术资源广度组合对新产品开发市场绩效有正向作用、对新产品开发风险有负向作用，网络资源广度—技术资源广度组合以及网络资源深度—技术资源深度组合对新产品开发市场绩效有负向作用、对新产品开发风险有正向作用，产品多元化正向调节网络资源广度—技术资源深度组合与新产品开发风险之间的关系以及网络资源广度—技术资源广度组合与新产品开发市场绩效、新产品开发风险之间的关系。

（4）针对传统研究中忽视知识吸收效率中介作用的局限，全面揭示出开放式创新中知识吸收效率在企业知识资源互补性与新产品开发绩效之间的完全中介作用以及组织结构部门化与学习文化所起的调节效应：企业知识资源互补性对知识吸收效率有显著正向作用，组织结构部门化负向调节知识资源互补性与知识吸收效率之间的关系，组织学习文化正向调节知识资源互补性与知识吸收效率之间的关系，知识吸收效率对新产品开发绩效有正向促进并在知识资源互补性与新产品开发绩效之间起完全中介作用。

（5）构建了开放式创新中嵌入创新能力的不同程度知识资源作用新产品开发绩效的机理模型，深层次揭示了开放式创新中以创新能力为中介以及产品多元化为调节的知识资源作用新产品开发绩效的内在路径：知识资源广度正向作用其创新能力、新产品数量、开发速度与财务回报；知识资源深度正向促进创新能力与新产品质量；创新能力正向作用新产品数量、开发速度与财务回报；创新能力在知识资源广度与新产品数量、开发速度、财务回报之间关系中起部分中介作用；产品多元化正向调节知识资源广度与新产品数量、财务回报之间的关系，以及创新能力与新产品数量、财务回报之间的关系。

第2章　理论基础与文献综述

本章在前一章提出的研究问题基础上，针对本研究所涉及的主要理论与相关文献进行梳理，明确研究的理论切入点，分析国内外相关研究现状和趋势，理清本研究与现有相关文献之间的逻辑关系。主要包括对资源基础理论、创新管理理论、社会网络理论、知识管理理论进行回顾；对开放式创新内涵、影响因素与绩效产出相关研究进行综述；对新产品开发内涵、绩效影响因素与绩效测度相关研究进行综述。

2.1　相关理论基础

2.1.1　资源基础理论

彭罗斯最早提出了以资源为基础的思想观点，将企业视为有限边界的资源集合体，指出独特的组织内部资源或能力使企业生产出独特的产品，从而获得竞争优势，并认为企业成长的本质是管理者运用能力有效开发、利用组织内部生产性资源的过程（Penrose，1959）[22]。

1984 年，沃纳菲尔特正式提出"企业资源观"（resource based view，RBV），指出企业内部的资源、能力以及知识的积累是其获得超额收益、维持竞争优势的关键，并从资源视角考察企业绩效的来源，认为企业绩效虽直接受到其产品的影响，但最终受进入生产的资源所驱动，企业能够通过获取新产品开发的关键资源而获得超额收益（Wernerfelt，1984）[23]。与此同时，罗曼尔特从企业为何存在的视角出发，将企业定义为一个生产性资源束，研究了企业获取经济租金的能力以及租金产生与攫取特性（Rumelt，1984）[24]。

基于沃纳菲尔特（Wernerfelt，1984）[23]和罗曼尔特（Rumelt，1984）[24]的研究，巴尼认为企业是一个资源体系与能力体系的集合，企业资源是所有资产、能力、组织流程等能被企业所控制，并能为企业创造价值与收益的要素的统称；他还认为当企业独特的优越的资源与外部环境相匹配时，这些资源的异质性组合将成为企业竞争优势的源泉；企业各种有形和无形的资源可以转变为一种独特的能力，互补性资源的协同效应能够有效提升企业的绩效并获得持续的竞争优势（Barney，1986）[25]。基于罗曼尔特（Rumelt，1984）[24]的研究，迪瑞克斯和库进一步拓展了巴尼的成果，指出当企业控制了具备相互关联或资产累计效率等特征的资源时，更能创造经济租金，形成竞争优势（Dierickx & Cool，1989）[26]。

1991 年，资源基础观发展到成熟阶段，以巴尼提出的重要观点为标志，他认为企业的资源是异质的、不可流动的，当企业的资源具有价值性、稀缺性、不可模仿和不可替代性四个独特特征时，该企业可以获得持续的竞争优势（Barney，1991）[27]。

随后，格兰特将资源划分为有形与无形资源，进一步联结战略与资源的相关论点，研究资源在决定企业所属产业或地域中所起的作用以及资源、竞争与利润之间的关系，主张企业"内部审视"的重要性，指出企业内部资源与能力将决定企业的战略方向、成为企业利润的源泉，并将这些理论称为"资源基础的厂商理论"，简称"资源基础理论"（Resource Based Theory，RBT）（Grant，1991）[28]。

2.1.2 创新管理理论

经济学家熊彼特（Schumpeter，1934）[29]于 1934 年在其著作《经济发展理论》一书中明确提出，资本主义经济增长的主要源泉不是资本和劳动力，而是创新，并首次提出了创新的概念，指出创新是"一种创造性破坏"，是"把一种从来没有过的关于生产要素的'新组合'引入生产体系"，并进一步明确提出了"创新"的五种情况：引入一种新的产品或提供一种产品的新属性、采用一种新的生产方法、开辟一个新的市场、获得一种原料或半成品的新的供给来源、采取一种新的企业组织方式；随后，熊彼特又在其《经济周期》（Schumpeter，1939）[30] 和《资本主义、社会主义和民主主义》（Schumpeter，1942）[31] 等著作中进一步完善了创新理论；其创新理论的基本观点包括：创新是生产过程中内生的、是种"革命性"变化、意味着毁灭、能够创造出新价值、是经济发展的本质规定、其主体是"企业家"。

基于熊彼特的"创新理论"，许多学者不断丰富、完善了创新管理理论的研究，形成了两条主要的研究线路：技术创新与制度创新。技术创新主要是以技术变革、技术推广为研究对象，而制度创新主要以制度变革为研究对象。曼斯菲尔德（Mansfield，1986）[32]、格里利谢斯（Griliches，1979）[33]、罗森伯格（Rosenberg，1976）[34]、弗里曼（Freeman，1991）[35]、拜克和苏亚雷斯（Utterback & Suarez，1993）[36] 等一批学者从不同研究视角对熊彼特"创新理论"进行了实证研究，研究的问题涉及新技术推广、技术创新与市场结构的关系、企业规模与技术创新的关系、技术创新动力及其来源、技术创新阻力及其环境因素、技术创新扩散等等。戴维斯和诺斯（Davis & North，1970）[37] 较早地运用熊彼特创新理论来系统研究制度变革过程，认为"制度就是人为设计的各种约束，它建构了人类的交往行为；制度是由正式约束、非正式约束以及它们的实施特点构成的，它们共同确定了社会的尤其是经济的激励结构"。此外，舒尔茨（Schultz，1968）[38] 也在此领域做出了贡献，指出制度是某些服务的供给者，它们应经济增长需求而产生。戴维斯和诺斯（Davis & North，1971）[39] 指出，制度创新是指为了获得超额收益而对现行制度进行变革的各种政策与措施，个人、团体和政府是制度创新的主要主体，其中，政府作为制度创新的推动者具有较大优越性。诺斯和托马斯（North & Thomas，1973）[40] 从制度变迁视角进一步研究认为技术进步完全依赖于资本积累以及市场交易制度的演变，制度对经济增长起着决定性的作用。

随后，在经济进化理论影响下，技术创新与制度创新呈现出融合趋势。纳尔逊和温特（Nelson & Winter，1977；2002）[41-42] 提出了创新进化理论，强调从生物进化论的角度引入创新研究。多西（Dosi，1982；1988）[43-44] 吸收了进化论的成就，以进化理论为基础建立了技术创新的研究框架。诺斯（North，1994）[45]将进化论思想应用到体制转变以及经济发展研究中。此外，创新管理理论的研究也在 20 世纪 80 年代末开始由单项研究走向综合研究，其中，最重要的标志是创新系统理论的提出（Metcalfe，1995）[46]。该理论认为技术与制度是相互作用的，知识、学习以及能力是创新系统的关键因素，并从"微观基础"的视角解释了复杂的系统行为。随着世界经济全球化发展，创新管理理论的研究高度开始上升至区域、国家层面，形成了国家创新系统理论。弗里曼（Freeman，1995）[47]提出了国家创新系统的概念，通过研究日本经济发展，指出国家在推动技术创新中发挥的重要作用，必须将技术创新与国家政府职能相结合，建立国家创新系统，有效推动企业、行业的技术创新。纳尔逊（Nelson，1993）[48]认为国家创新系统的制度安排应该具有弹性，发展战略应该具有适应性和灵活性。现代创新管理理论的研究以系统理论为基础、以国家创新系统学派为代表，但其研究并不局限于单个层面，该系统可以是一个区域、一个网络乃至一个国家，更为重要的是，该系统必须是开放的、动态的，相关的研究理论与方法都应随外部环境的改变而变化。

2.1.3　社会网络理论

社会网络理论起源于 20 世纪五六十年代，其研究从属于经济社会学领域，强调从社会学视角研究社会经济行为及过程。目前，社会网络理论对于社会经济行为的强大解释力已得到学术界的广泛重视，逐渐成为研究的热点。

人类学家巴恩斯（Barnes，1954）[49]最先提出社会网络分析（social network analysis）一词，通过对挪威渔村的社会结构展开研究，发现非正式的社会结构（如：朋友、亲属或邻居等关系）比正式的社会结构（如：职业、地位、社会阶级等关系）更能观察和解释整个渔村成员之间的互动。社会网络理论认为任何社会组织结构都可被视为一个网络，网络中的成员具备一定的社会网络特性，其行为受其所在网络中位置以及嵌入性的影响。怀特等（White et al.，1976）[50]、格兰诺维特（Granovetter，1973）[51]、伯特（Burt，1984）[52]、弗里曼（Freeman，1978）[53]、布迪厄（Bourdieu，1985）[54]、科尔曼（Coleman，1988）[55]、伯特（Burt，1992）[56]、波兰尼（Polanyi，1957）[57]、格兰诺维特（Granovetter，1985）[58]等学者在社会网络研究领域进行了大量研究，进一步推动与完善了该理论。

怀特等（White et al.，1976）[50]指出社会网络包括网络中的行动者及其之间的关系，并强调将行动者的关系作为核心基础，指出社会结构的组成是"有形实体之间关系模式的规律性，而不是抽象的规范和价值之间的协调，也不是对这些有形实体的特征进行分类"。社会网络中最基本的分析单位是由直接或间接的社会联系建立的各种联结。

格兰诺维特（Granovetter，1973）[51]首次提出联结强度的概念，并将联结强度划分为强联结、弱联结，通过互动频率、情感强度、亲密关系及互惠交换四个维度来进行测度；强联结体现为社会网络中的主体联系频繁、情感密切、信任度高、知识互惠程度高，主体同质性较强，具有相似的社会经济特征；弱联结体现为社会网络中的主体联系相对松散，分布比较广泛，能渗透到组织边界之外获取各种资源。

随后，布迪厄（Bourdieu，1985）[54]提出了社会资本的概念，认为社会资本是持续存在于制度化关系网络中实际或潜在资源的总和。此外，科尔曼（Coleman，1988）[55]也对社会资本进行了深入研究，指出社会资本以社会网络为载体，体现为组织与个体的社会关系，能够创造价值。

伯特（Burt，1992）[56]建立的结构洞理论是对格兰诺维特（Granovetter，1973）[51]观点的发展与深化，该理论认为社会网络中的结构洞是一种网络位置利益，但与网络中某一主体相连的另外两个主体之间没有直接联系时，该主体就占据了网络中的结构洞位置，该主体有机会获得异质性信息流，有利于对资源的控制。

波兰尼（Polanyi，1957）[57]提出了"经济的社会嵌入"观点，认为社会嵌入反映了社会关系影响经济行为的过程。格兰诺维特（Granovetter，1985）[58]进一步推动了嵌入性理论的发展，他认为，在研究组织及其行为受社会关系制约时，将其作为独立个体进行分析存在严重误解，经济活动是在社会网络内互动过程中做出的决定，经济行动者的自利行为受所处社会网络的影响，新古典经济学在分析经济行为时存在"社会化不足"的问题，而社会学理论中则存在"过度社会化"的问题。

2.1.4　知识管理理论

知识管理理论由野中于 20 世纪 90 年代初提出，他将组织视为一个累积丰富知识的机构，在提供产品与服务过程中，整合大量个人与群体知识，通过组织制度、规范与分享过程产生作用（Nonaka，1994）[59]。达文波特和比尔斯（Davenport & Beers，1995）[60]认为"知识管理是一种获取、分布和有效使用知识的流程"。格兰特（Grant，1996）[61]指出由于知识具有难以模仿的特性，促使组织内部知识创造、分享与整合成为研究的热点。阿利（Allee，1997）[62]认为知识管理的实质是将隐性知识转化为显性知识以便于知识分享、更新的过程。达文波特等（Davenport et al.，1998）[63]认为知识管理的关键在于充分肯定知识对企业的价值，并在此基础上创造出一种环境让员工获取、共享、使用内部与外部知识以形成个人知识并应用到产品与服务中，最终提高企业绩效的管理理论与实践。奥德尔和格雷森（O'dell & Grayson，1998）[64]指出知识管理是组织将正确的知识传递给组织成员，从而帮助成员采取正确的行动以提升组织绩效的持续过程，该过程包括知识创造、确认、获取、储存、共享、利用与提高。达洛克和麦克诺顿（Darroch & McNaughton，2002）[65]认为知识管理是创造或发现知识、管理知识的流动、确保知识得以有效利用。甘地（Gandhi，2004）[66]将知识管理描述为"一种努力获取关键知识、共享知识并关注与收集组织记忆以更好地支持决策的制定、提高组织产出与创造性的活动"。杜佩西斯（Du Plessis，2007）[67]认为知识管理是一个有计划的、结构性的管理方法，知识属于组织资产，应根据企业战略对知识创造、共享、获取以及利用等活动进行管理，并根据客户需求更快、更有效地提供产品或服务。

知识管理已被认为是企业获取竞争优势的一项关键性的管理职能（Argote & Ingram，2000）[68]，对于知识资源的获取与应用是企业取得成功的关键（Teece，1998）[69]。阿利（Allee，1997）[62]研究认为知识管理是显性知识与隐性知识相互转化的过程。昆塔斯等（Quintas et al.，1997）[70]研究表明知识管理是组织对内外部知识的获取、识别、开发、利用、吸收以及扩散的过程。达洛克和麦克诺顿（Darroch & McNaughton，2002）[65]认为知识管理的具体过程包括开发应用新知识、整合新旧知识、新旧知识转化等。普莱西斯和布恩（Plessis & Boon，2004）[71]研究发现知识管理是企业保持竞争优势的关键途径，其现实价值体现在从各个渠道挖掘并充分利用各种知识。格罗伊特和泰尔齐（Gloet & Terziovski，2004）[72]认为知识管理是管理资源技术与手段，只有将有价值的知识进行创造、整合、分享与应用，才能提升创新能力并保持竞争优势。

吸收能力（absorptive capacity）作为知识管理理论中的一个重要概念，由科恩和利文索尔正式提出，他们指出吸收能力是企业能识别外部新知识价值、将其消化并最终应用于商业目的的能力（Cohen & Levinthal，1990）[73]。雷和卢巴金（Lane & Lubatkin，1998）[74]提出相对吸收能力（relative absorptive capacity）的概念，指出企业的吸收能力既与自身知识储备有关，也受到知识源特征的影响。戴尔和辛格（Dyer & Singh，1998）[75]提出伙伴专属吸收能力的概念，认为吸收能力是企业从特定伙伴处识别、获取有价值知识的能力。随后，范登博世等（Van den Bosch et al.，1999）[76]对吸收能力进行了补充，认为仅将吸收能力视为研发派生物的观点过于狭隘，指出组织特征对于吸收能力的培育有积极的作用。在吸收能力相关研究中，扎赫拉和乔治（Zahra & George，2002）[77]的研究具有里程碑式的意义，他们重构了吸收能力的理论基础，将吸收能力过程扩展为四阶段，认为吸收能力是企业通过获取、消化、转化和利用知识的一系列惯例与流程，强调了吸收能力的动态性。此后，大量关于吸收能力的深入研究都遵循扎赫拉和乔治对吸收能力的认知。

2.2 开放式创新相关研究综述

2.2.1 开放式创新内涵

在《开放式创新——进行技术创新并从中赢利的新规则》一书中，切萨布鲁夫（Chesbrough，2003b）[7]首次阐述了开放式创新的内涵。他认为开放式创新意味着有价值的创意可以从公司的外部与内部同时获得，其商业化路径也可以从公司内部和外部同时进行；企业通过开放式创新，可以综合运用内部与外部两个市场渠道，将组织内、外各种资源聚集起来进行价值创造，同时建立起相应的价值分享机制。赫斯特博格（Hastbacka，2004）[78]指出"开放式创新既是一种哲学也是一种实践"，由战略、资源、组织、进程四部分构成一个"金字塔式"的实践模型，其中，后三者处于模型底层，对战略起着基础与支撑作用；并进一步提出开放式创新七个关键因素：兼容性、互补性、拥护者、通俗的语言、挑战内部约束、顾客拉动和创新的制度。

传统的观念认为，为了独享技术创新所带来的巨大收益，创新的全过程都必须在企业内部完成，以保证技术与知识不为竞争对手所得；在创新活动中投入的资金越多，企业能获得的回报也越大。在这种观念的支配下，内部研发被视为企业最重要的战略性资产，是保证竞争优势的关键所在；这样的一种创新模式被切萨布鲁夫（Chesbrough，2003b）[7]称作封闭式创新。在封闭式创新模式下，企业必须先有自己的创意，新产品才能经过内部研发、制造并推向市场；此外，技术创新所需的核心资源很难为竞争对手所得（Chesbrough et al. , 2006) [79]。

相对于封闭式创新，开放式创新是一种开放程度更高、组织形式更灵活、创新主体更为分散和广泛的一种创新模式。在开放式创新模式下，企业的边界是可以渗透的，这为价值创造与价值获取提供了新的途径。开放式创新涉及多样化的内外部技术来源与商业化渠道（Chesbrough et al. , 2006) [79]，这种模式将外部创意及外部市场化渠道的作用上升到与内部创意以及内部市场化渠道同样重要的地位（Chesbrough，2003b) [7]。开放式创新与封闭式创新在创新原则上的区别如表 2.1 所示。

表 2.1 封闭式创新与开放式创新原则对比

封闭式创新	开放式创新
本行业聪明的员工为我们工作	并非所有的聪明人都为我们工作，因此必须与企业内外所有聪明人合作
为了从研发中获利，必须自己进行发明、创造、开发产品并推向市场	外部研发能够创造巨大的价值，而要实现其中的价值，则必须进行内部研发
如果我们自己进行研究，就能最先将产品推向市场	并非要自己从事最初研究才能从中获利
最先将创新商业化的企业将成为市场赢家	建立一个更好的商业模式比率先进入市场更为重要
如果我们创造出行业中最多最好的创意，我们将在市场中胜出	如果我们能最好地利用企业内外部创意，我们将在市场中获胜
必须严格控制我们的知识产权，这样竞争对手才无法从我们的创意中获利	我们应当通过让他人使用我们的知识产权而从中获利，同时只要能改进我们的商业模式，就应当购买他人的知识产权

资料来源：Chesbrough H. The era of open innovation：The way in which organizations generate ideas and bring them to market. MIT Sloan Management Review, 2003a, 44 (3)：35 – 41.

国内研究中，王雎和曾涛（2011) [81]建立了一个整合性理论框架，明确了开放式创新的内涵及维度；结合对已有文献的分析，基于开放式创新价值创新的本质，拓展了实现开放式创新的价值识别、创造与获取的不同维度，构建了一个开放式创新的认知性框架。

从现有文献来看，对于开放式创新的内涵，国内外学者基本延续了切萨布鲁夫的阐述，很少有研究对其进行重新界定。开放式创新本质上是一种创新思想、一种创新理念，其他一些创新模式，如网络创新、合作创新、联盟创新、产学研结合等，在本质上都属于开放式创新；此外，许可、风投、收购等也应纳入开放式创新的范畴。切萨布鲁夫关于开放式创新的内涵是在对个别领先企业或跨国公司的创新实践中观察和总结出来的，随着对开放式创新认识的逐渐深入，有必要进一步系统剖析其丰富的内涵。

2.2.2 开放式创新影响因素

目前，有关开放式创新影响因素的研究主要集中在企业战略、知识管理、开放程度、吸收能力等方面。韦斯特和加拉格尔（West & Gallagher, 2006）[82]针对开放源码软件企业创新活动，探讨了如何解决开放式创新中寻找创造性方法来利用内部创新、将外部创新纳入内部发展以及激励外界不断地提供外部创新流等问题。里克提克勒和里克提克勒（Lichtenthaler & Lichtenthaler, 2009）[83]融合知识管理、吸收能力和动态能力的研究，从一个综合的视角，提出了以开放式创新能力为基础的框架；将"发明、吸收、转换、连接、创新和吸收能力"这六种"知识能力"作为企业的关键能力以管理开放式创新中的内部与外部知识。范德弗兰德等（van de Vrande et al., 2009）[84]研究了开放式创新在中小型企业中的应用，运用荷兰创新型中小企业数据，探讨了开放式创新的发展趋势；调查研究中运用八种创新实践以衡量开放式创新，研究结果发现，中小型企业已越来越多地从事开放式创新，而且制造业与服务业之间没有大区别，但中型企业比同行业小型企业更多地从事开放创新。维森特等（Wincent et al., 2009）[85]使用瑞典小企业的战略网络的纵向数据，研究如何提高网络参与者的创新地位，发现网络的连续性对网络成员创新绩效有重要作用，并分析了两者之间的关系曲线，结果表明这种关系在较大网络中表现更为明显。阿尔米拉利和卡萨德絮（Almirall & Casadesus - Masanell，2010）[86]研究发现开放式创新能促使企业发现新的产品功能并进行整合，但是当开放式创新中合作伙伴目标不一致时，开放式创新将限制企业建立产品技术路径的能力，指出对于不同利益与成本的权衡是解决创新问题最好的方法。基亚罗尼等（Chiaroni et al.，2010）[87]研究了在成熟、资产密集型行业经营的多家意大利企业的开放式创新活动，指出企业从封闭走向开放式创新涉及组织的四个主要方面，即跨组织网络、组织结构、评价过程和知识管理系统。思培丘等（Spithoven et al.，2010）[88]探究了集体研究中心在建立组织间吸收能力中的作用；通过问卷访谈收集技术中介机构及其成员企业的一手数据，并结合二手数据进行组合分析，结果发现开放式创新过程中缺乏吸收能力的企业将被迫寻找其他途径进行创新，认为吸收能力是开放式创新的先决条件。杜塞尼耶等（du Chatenier et al.，2010）[89]对开放式创新所需人才的能力结构进行了定性分析，从一个新的视角研究了个人如何加入开放式创新团队以促进开放式创新的成功，以及专业人员如何产生新的知识、建立信任、并应对开放式创新团队内部相互承诺偏低的问题；认为中介服务解决方案与社交能力对于开放式创新人才尤为重要，企业应注重这些能力并选择合适的开放式创新团队专业人才。李等（Lee et al.，2010）[90]研究了中介机构在促进开放式创新中的作用，分析了韩国中小企业与中介机构之间的协作，指出构建网络是促进中小企业开放式创新的有效方法。哈利申和科斯基（Harison & Koski，2010）[91]使用芬兰软件企业的调查数据，分析了不同性质的软件企业（如大小、年龄、智力资本、吸收能力和所有制结构）对开放源码软件供应以及所有权分布战略决策的影响，实证结果表明，开放源码软件供应策略需要掌握复杂的法律与管理知识，来自不同领域的高技术人才是企业创新战略成功的关键；此外，市场参与者在很大程度上推动了开放源码软件的采用，但采用行为与软件企业年龄的相关性没有显著差异。雅斯贝尔斯和范迪端（Jaspers & van den Ende，2010）[92]研究了复杂产品开发中的开放式创新活动，研究表明开放式创新能为企业扩大自身知识边界提供一种机制，而且开放式创新与系统集成之间存在较强的互补效应。

国内学者陈劲和陈钰芬（2006）[93]认为有效的创新管理与技术创新资源配置能够提高企业技术创新能力、避免创新两难的境地；指出开放式创新能降低技术创新及市场的不确定性，开放创新体系下的技术创新将吸纳更多创新要素、形成以利益相关者为基准的多主体创新模式；认为全面创新投入较研发投入能更合理、完整地衡量企业技术创新水平。杨静武（2007）[94]将开放式创新模式下技术创新能力概括为技术扩散能力、转换能力、吸收能力；认为吸收与转化能力有利于企业内、外部技术整合，以形成更复杂的技术组合来创造新系统、新架构，而技术扩散能力有利于企业将其研究成果出售、并从中获利。陈莞和谢富纪（2007）[95]揭示了我国企业技术创新战略从"封闭式"转向"开放式"的必然性，将创新支撑体系研究纳入自主创新理论，分析了开放式自主创新战略实施模式以及支撑系统中技术系统、区域经济模式、制度环境、国际技术水平等关键要素，描述了基于相应支撑体系的企业开放式自主创新模式的选择过程。陈劲和陈钰芬（2007）[96]研究了开放式创新环境下提高我国自主创新能力的关键因素，认为开放式创新与自主创新是相辅相成的，开放环境下自主创新强调集成、整合创新元素，运用国内时间序列数据进行格兰杰因果检验、国际面板数据进行计量实证检验，并据此提出相应的政策建议。张震宇和陈劲（2008a）[97]分析了企业人、财、物、技术和信息等创新资源的现状以及开放式创新模式对技术创新的影响，探讨了企业创新资源的搜索与获取、整合与利用、保持与流动以及动态更新等内容，提出了企业创新资源管理体系的设想。张震宇和陈劲（2008b）[98]总结了中小企业开放式创新的差异化特征，通过分析不同开放式创新模式下取得成功的中小企业，指出开放思维、开放学习、开放创新中提升自主创新能力是促进中小企业开放式创新的关键因素。朱朝晖（2009）[99]提出了开放式创新环境下，基于持续创新能力发展的探索性学习和挖掘性学习的动态协同模式。葛沪飞等（2010）[100]归纳了吸收能力的前因、过程、产出以及影响因素，结合开放式创新自外而内、耦合、自内而外三个维度以及研究与开发阶段，指出可从过程动态性、学习特点、知识与网络组合属性以及路径特点几方面拓展吸收能力的概念。刘振和陈劲（2010）[101]结合资源基础理论与动态能力视角，从位势、过程、路径三个维度来分析开放式创新，以寻求组织通过开放式创新获得持续竞争优势的途径。曹勇和贺晓羽（2010）[102]提出了知识密集型服务业开放式创新概念，从创新来源、创新转移与扩散方向、知识传播与吸收能力三个层面探讨了知识密集型服务业开放式创新的推进机制。

综观以上成果可以发现，对于开放式创新影响因素的研究，大多是探讨与开放式创新相关的企业战略、运营层面的因素，且多局限于从某一层面分析不同因素对开放式创新的影响机理，较少运用实证研究检验各因素作用开放式创新的过程与机理；此外，分析不同因素对开放式创新的影响机理也局限于单一视角，缺乏从多维角度系统辨识影响开放式创新的因素，不同因素影响开放式创新的机理还有待进一步进行严格的实证研究。

2.2.3 开放式创新绩效产出

现有对于开放式创新绩效产出的研究，主要体现在考察开放式创新对企业创新绩效、财务绩效以及竞争优势的影响。劳尔森和索尔特（Laursen & Salter, 2006）[103]通过对英国制造业企业大规模调研，探究了开放度对创新绩效的影响，发现开放度与创新绩效之间存在倒 U 型关系，即企业越开放，创新能力越强，但是过度开放对创新绩效存在负面的影响。里克提克勒（Lichtenthaler, 2009）[104]研究了对外开放研发战略与企业绩效之间的关系，实证检验了四个环境因素对开放式创新战略与企业绩效之间关系的调节作用，结果发现技术动荡、技术市场交易率以及技术市场竞争强度增强了开放式创新对企业绩效的正向作用，相比而言，专利保护程度不利于企业开放式创新的成功。浅川等（Asakawa et al. , 2010）[105]以日本企业实验室为对象，研究了企业层面的开放式创新政策与实验室层面的对外合作对实验室研发绩效的影响，结果表明开放的创新政策对实验室和当地大学或商业机构的合作有积极的促进作用；此外，开放的创新政策通过促进实验室对外合作来提升实验室的研发绩效。蒋和恒（Chiang & Hung，2010）[106]基于组织间知识流动和组织学习的理论，认为从外部渠道获取知识的深度能促进企业渐进式创新的绩效，而从外部渠道访问知识的广度能提升企业突破性创新的绩效，并运用中国台湾电子产品制造企业的调查数据实证检验了提出的假设。恒和蒋（Hung & Chiang，2010）[107]探索了开放式创新战略与企业绩效之间的关系，运用中国台湾电子产品制造企业相关数据进行实证，研究发现企业开放式创新战略对企业绩效有正向作用，企业创业导向正向调节开放式创新战略与企业绩效之间的关系。基姆和帕克（Kim & Park，2010）[108]指出只有较少的中小型企业能够成功实施开放式创新，相关实证研究也表明并非所有的中小型企业能通过开放式创新对其创新绩效产生积极的作用。

国内研究中，陈衍泰（2007）[109]等分析了创新企业开放文化、市场导向与中小高新技术企业创新绩效之间的关系，运用江浙沪闽地区中小高新技术企业数据进行实证，结果发现市场导向以创新程度为中介变量对企业绩效起作用，市场导向与突变性创新及其创新绩效存在负相关关系。陈钰芬和陈劲（2008）[110]从广度与深度两方面测度中国企业技术创新开放度，分析了不同产业企业开放度对创新绩效的影响，发现目前我国整体开放程度比较低，向外部组织开放有利于提高创新绩效，科技驱动型产业企业的开放度对创新绩效呈倒 U 型关系，经验驱动型产业企业的开放度对创新绩效呈正线性相关关系。袁健红和李慧华（2009）[111]从知识创造、知识搜寻角度构建了影响企业创新新颖程度的理论模型。陈钰芬和陈劲（2009）[112]基于中国创新型企业的问卷调查数据，对开放式创新的机理与作用路径进行了实证分析，研究结果表明开放式创新主要是通过获取市场信息资源和技术资源，以弥补企业内部创新资源的不足，进而提高创新绩效。陈钰芬（2009）[113]基于技术创新动态过程，以 U – A 模型为基础，分析不同产业的企业在产品、工艺、平台创新三阶段关键的外部创新要素，实证检验了各外部创新要素对创新绩效的影响，

建立了符合我国企业创新实际的开放式创新动态模式。王海花等（2012）[114]
运用扎根理论的质化研究方法，识别出开放式创新模式下创新资源共享的影
响因素。

已有文献运用不同的理论基础与研究逻辑，分析了开放式创新对企业绩
效产出的影响，大部分的研究结果均表明开放式创新能够提升企业绩效，但
大多研究仅是从单一方面、部分地揭示了开放式创新与企业绩效之间的关系；
此外，国内研究相对国外而言，在方法、理论上还存在一定差距，研究成果
偏重于理论阐述，因此有必要进一步深入细化相关研究，构建相应的理论模
型并展开系统的实证分析，以期为企业开放式创新管理实践提供有效的理论
指导。

2.3　新产品开发相关研究综述

2.3.1　新产品开发内涵

学者们从不同角度对新产品开发的内涵进行了阐述。库珀（Cooper，
2003）[2]认为，新产品开发是企业利用自身资源和能力创造新产品或者改良
旧产品的过程。斯彭德（Spender，1996）[115]指出新产品开发是将新知识应用
到新环境中的过程。新产品开发表现为一种相对概念，即相对于顾客、产品、
市场、竞争者、企业而言，由多重维度组成，只要其中任何一个维度改变，
即可称之为新产品开发（Trott，2001）[116]。

库珀和克兰施米特（Cooper & Kleinschmidt，1986）[117]指出新产品开发涉
及创意初始筛选、初步市场评估、初步技术评估、详细市场调研、财务分析、
产品研发等13类企业活动过程。迈尔斯和塔克（Meyers & Tucker，1989）[118]
将新产品开发划分为产品及技术对于市场而言都是新的激进创新、产品在市

场已有但技术是新的常规创新、技术已存但使用者对产品不熟悉的市场改进、市场和产品都是已存的产品改进等类型。马奇（March，1991）[119]认为新产品开发可分为激进型创新与渐进型创新两类。宋和蒙托亚（Song & Montoya，1998）[120]将新产品开发划分为两大类，一类是真正全新的产品开发，即新产品开发所采用的技术从未被使用过，对于市场、行业而言是完全新的产品；另一类是改良的新产品开发，即新产品开发是对现有产品进行改造或改进而形成的新产品。

2.3.2 新产品开发绩效影响因素

新产品开发绩效的影响因素一直是新产品开发领域研究的焦点，不少学者从企业战略、开发过程、知识管理、组织结构以及组织文化等不同层面分析了提升新产品开发绩效的关键影响因素。普尔顿和柏瑞雷（Poolton & Barelay，1998）[121]提出了影响新产品开发成功的六项关键因素，包括：高层管理者对新产品开发项目的支持、制定新产品开发的长远战略、长期致力于新产品开发项目、对环境变化有较强的适应性及快速反应能力、高层管理者对新产品开发项目风险的认同、良好的企业文化。格里芬（Griffin，1997）[122]实证研究表明，企业如果建立了明确的新产品开发战略则能获得更高的新产品开发绩效。库伯和克兰施米特（Cooper & Kleinschmidt，1995）[123]认为企业新产品开发战略决定了新产品开发在企业整体战略中的角色与地位，对于具体的新产品开发活动而言，清晰的新产品开发战略有助于企业获取与管理各种资源。梅尔和罗伯特（Meyer & Roberts，1986）[124]也认为清晰的新产品开发战略目标对于新产品开发绩效提升有显著的正向作用。库伯（Cooper，1984）[125]通过研究企业新产品开发战略与新产品开发绩效之间关系发现二者之间存在密切的关系，新产品开发战略的不同维度与层面对新产品开发绩效影响存在差异，企业需要根据自身新产品开发的目标，选择与之相匹配的新产品开发战略，从而有效地促进新产品开发的成功。

在组织文化对新产品开发绩效影响的研究方面，库伯和克兰施米特（Cooper & Kleinschmidt，1995）[123]认为企业内部的创新文化与氛围对新产品开发成功有着重要作用。加蒂尼翁和什韦勒布（Gatignon & Xuereb，1997）[126]探讨了顾客导向、竞争导向及技术导向对新产品开发绩效的影响，结果发现企业通过技术导向能够获得创新优势；当企业处于高增长的市场环境中时，竞争导向能使企业以低成本进行创新；当企业处于需求相对不确定的市场环境中时，顾客导向及技术导向能提升企业新产品开发绩效。拉梅什和提瓦那（Ramesh & Tiwana，1999）[127]研究发现组织学习能力正向促进企业新产品开发绩效，组织学习能力越高企业越能够吸收新知识，促进新、旧知识的融合，从而提高新产品开发效率、促进新产品开发的成功。霍格尔和舒尔茨（Hoegl & Schulze，2005）[18]发现知识的创新与共享对于新产品开发绩效、组织创新能力的提升有重要作用。

在国内研究中，一些学者探究了影响新产品开发成功的因素，包括：跨职能整合、知识管理、技术资源、资源共享与吸收等方面（张先国和杨建梅，2007；郭贵林和许允琪，2008）[128-129]，还有一些针对新产品开发绩效与风险因素展开研究（朱秀梅等，2011；曹洲涛和彭小丰，2012）[11,21]，建立了相关的新产品开发风险分析模型，提出了控制新产品开发风险的思路与措施（陈弘，2006；李亚峰等，2010）[14-15]。

综观以上成果可以发现，虽然学者们从不同角度围绕新产品开发绩效影响因素问题展开了大量的研究并取得了丰富的成果，但仍缺乏结合多理论基础、通过多学科交融以获得对新产品开发绩效影响因素及其理论框架更为深入的理解与认识，尤其是对于新产品开发绩效影响因素实证方面系统的研究并不多见，因而对企业管理实践的指导作用不明显，难以满足企业新产品开发管理的现实需求；开放式创新中的企业新产品开发作为一类重要的理论与实际问题，还有很多方法与理论有待进一步深入研究，如：开放式创新中企业多层面、多维度资源禀赋对新产品开发绩效的作用机理等研究，而这些研究主题对于促进企业新产品开发的成功至关重要。因此，未来的研究亟须在这些方面深化与完善。

2.3.3 新产品开发绩效测度

新产品开发绩效是新产品开发研究的主要结果变量，如何对新产品开发绩效进行测度是学者们关注的一个重要问题。库伯和克兰施米特（Cooper & Kleinschmidt，1986）[117]指出新产品开发绩效是对企业整个新产品开发活动的效果及成败的衡量与评价。库伯（Cooper，1984）[125]认为可以从新产品开发对企业销售及利润的影响、新产品开发成功率以及新产品开发相对绩效三个维度来测度企业新产品开发绩效。库伯和克兰施米特（Cooper & Kleinschmidt，1987）[130]在研究中从财务绩效、市场绩效、机会窗口三个维度来测度企业新产品开发绩效。格瑞菲和佩奇（Griffin & Page，1993）[131]通过文献研究与调查研究，提出了企业新产品开发绩效测度的四类维度，即从顾客接受度、财务绩效、产品或技术层面、企业层面来衡量新产品开发绩效，并指出了学者与管理者在新产品开发绩效测度维度及指标上的差异。舍曼等（Sherman et al.，2005）[132]在已有研究成果基础上，从产品模具开发能力、产品上市能力、产品开发周期等六个维度来测度企业新产品开发绩效。李等（Li et al.，2007）[133]在研究中运用新产品销售额、销售回报率、边际利润、投资回报率、市场份额五个指标来衡量新产品开发绩效。

在国内的新产品开发绩效测度相关文献中，多数情况主要还是直接引用国外研究的量表；也有部分学者，基于不同的研究视角，提出了各自新产品开发绩效的测度指标（赵林海和林俊国，2005；周文光等，2013）[134-135]；还有部分学者在已有成熟量表基础上加入各自的见解，对新产品开发绩效相关测量维度及指标进行了一定的调整与修改；但总体而言，基本还是在国外已有研究的框架内。

从现有研究文献来看，通过单一维度或指标来衡量企业新产品开发绩效的方法已很少被采用，大多数研究都是从多维度、多层面对企业新产品开发绩效进行测度；学者们对于新产品开发绩效的测度涉及市场、速度、质量等多方面、多层次的评价，既包括了财务指标也包括了非财务指标，但由于各自研究的侧重点不同，在具体的测度指标与维度方面均存在一定差异，因此，如何更加科学、合理地对新产品开发绩效进行测度，仍需在未来进行深入探讨。

第3章　营销与技术资源对新产品开发绩效作用机理

开放式创新中的企业新产品开发是一项高风险与高收益并存的创新活动，如何有效地利用企业资源，分散新产品开发风险、提高新产品开发绩效成为开放式创新中企业新产品开发管理关注的焦点。德鲁克（Drucker，1954）[136]曾指出营销与创新是企业仅有的两个基本职能，大量研究也表明营销资源与技术资源对企业新产品开发有重要促进（Song & Parry，1993）[137]，因此，本章将在前一章理论与文献综述基础上，研究开放式创新中企业营销与技术两类关键资源及其交互效应对新产品开发风险与新产品开发市场绩效的作用机理，运用中国制造业企业实地调研的第一手数据进行实证，以揭示开放式创新中企业营销资源、技术资源与新产品开发风险、新产品开发市场绩效之间复杂的非线性关系。

3.1 引　言

新产品开发是企业生存与发展的战略核心之一，在某些行业（特别是制造业），甚至是决定企业成败的唯一核心因素。现在越来越多的企业希望通过对不同资源的拥有程度来提升新产品开发的市场绩效、降低新产品开发风险，以获取并维持竞争优势。但随着经济全球化进程的加快、技术创新日益频繁、市场环境日趋动荡、产品生命周期迅速缩短、新产品开发的复杂程度不断提高，传统的仅依赖企业内部资源的"封闭式创新"模式，已经无法适应复杂多变的市场需求与顾客偏好，难以应对新产品开发所面临巨大的风险。事实上，任何实力雄厚的企业都不可能拥有创新所需的全部技术和资源（Teece，1986）[6]，企业必须与供应商、客户、甚至竞争对手建立合作关系，由"封闭"走向"开放"，充分利用企业内外部资源，采用"开放式创新"模式（Chesbrough，2003b）[7]，以获得新产品开发的成功。通过开放式创新，企业能够通过内外部两种渠道，将企业各种资源集聚起来进行价值创造，并建立起相应的价值分享机制（Chesbrough，2003b）[7]，既能降低新产品开发成本与失败概率，又能加快新产品开发速度、提高新产品的销售比率，从而最大限度地实现创新成果的转化。苹果、宝洁、英特尔等一批一流企业都是这方面的先行者，它们将开放式创新资源融入新产品开发中，以更快的速度，更高的品质，推出更受欢迎的产品。

新产品开发不仅是一项具有高收益性的创新活动，而且从新产品的研究到开发到生产到销售也是一个充满风险的过程。许多学者围绕新产品开发的收益性与风险性问题进行了深入研究，取得了一批卓有成效的研究成果（Kahraman et al.，2007；Mullins & Sutherland，1998；刘政方等，2009；朱秀梅等，2011；Chen et al.，2007；Calantone et al.，1999；陈弘，2006；李亚峰等，2010；Montoya-Weiss & Calantone，1994；Griffin & Hauser，1996；Hoegl & Schulze，2005；Gerwin & Barrowman，2002；方炜等，2005；曹洲涛和彭小丰，2012）[8-21]，例如，一部分学者侧重于新产品开发绩效与风险因素分析（Kahraman et al.，2007；Mullins & Sutherland，1998；刘政方等，2009；朱秀梅等，2011）[8-11]；另一部分学者侧重于对新产品开发风险进行控制与管理研究（Chen et al.，2007；Calantone et al.，1999；陈弘，2006；李亚峰等，2010；Montoya-Weiss & Calantone，1994；Griffin & Hauser，1996；Hoegl & Schulze，2005；Gerwin & Barrowman，2002；方炜等，2005；曹洲涛和彭小丰，2012）[12-21]。但鲜见从开放式创新视角研究企业资源对新产品开发风险与新产品开发市场绩效作用机理的文献。事实上，开放式创新模式为新产品开发提供了多渠道获取资源的机会，那么，在开放式创新中企业从内外部所获得的资源与新产品开发绩效究竟是一种怎样的关系？不同类型的资源以及不同资源的拥有程度对新产品开发风险、新产品开发市场绩效是否具有不同的作用机理？是正向还是负向？是线性还是非线性？所有这些都是企业创新管理日益迫切需要解决的至关重要的问题。

然而，德鲁克（Drucker，1954）[136]指出："企业有且只有两个基本职能：营销和创新。营销和创新产生收益；其余的都是成本。"营销资源与技术资源是新产品开发的关键驱动因素（Song & Parry，1993）[137]。基于此，本研究选取企业资源配置中的营销与技术两类资源作为企业关键资源，聚焦中国情境，对115家实施开放式创新的制造业企业进行实地调研，在掌握第一手翔实数据的基础上，实证研究了企业开放式创新中的这两类关键资源对新产品开发风险与新产品开发市场绩效的作用机理，为管理企业开放式创新资源、促进新产品开发提供理论借鉴与实践参考；对开放式创新中如何有效地指导企业合理利用资源的拥有程度来分散创新风险具有重要的理论与实践意义。

3.2 营销与技术资源对新产品开发绩效作用机理分析

资源基础理论强调从资源的视角来分析企业的活动。1959年，彭罗斯（Penrose，1959）[22]首次将企业视为有限边界的资源集合体。1984年，沃纳菲尔特（Wernerfelt，1984）[23]正式提出"企业资源观"，指出企业内部的资源、能力以及知识的积累是其获得超额收益、维持竞争优势的关键。格兰特（Grant，1991）[28]将资源划分为有形与无形资源，米勒等（Miller et al.，1996）[138]将资源划分为以产权为基础和以知识为基础的资源。巴尼（Barney，1986，1991）[25,27]指出企业是一个资源体系与能力体系的集合，企业资源是所有资产、能力、组织流程等能被企业所控制，并能为企业创造价值与收益的要素统称；他还认为当企业独特的优越的资源与外部环境相匹配时，这些资源的异质性组合成为企业竞争优势的源泉；企业各种有形和无形的资源可以转变为一种独特的能力，互补性资源的协同效应能够有效提升企业的绩效并获取持续的竞争优势。

3.2.1 营销资源与新产品开发

营销资源是能够在市场上创造价值的资源，被称为"聚焦于市场的资源", 可以分解为组织文化、营销资产与营销能力三个维度 (Hooley et al., 2001; Hooley et al., 2005)[139-140]。蒂斯 (Teece, 1986)[6] 认为新产品商业化的成功取决于企业一系列的营销资源。科兰等 (Calantone et al., 1996)[141] 发现销售预测、分销、促销、营销整合技能等营销资源对新产品开发绩效有正向影响。宋和帕里 (Song & Parry, 1997)[4] 证实营销资源通过辅助营销技巧及营销活动来提高新产品开发绩效。威尔德纳 (Weerawardena, 2003)[142] 认为营销资源能够促进新产品开发。

营销资源能够帮助企业更好地理解顾客需求,帮助企业深入分析与预测顾客偏好,帮助企业建立并保持与顾客和渠道伙伴的关系,帮助企业及时根据顾客需求研发出更有竞争力的新产品 (Song et al., 2005)[143]。通过开放式创新,企业可以利用外部丰富的营销资源弥补内部的不足,更好地整合内外更符合顾客需求的创意,共享合作伙伴的营销渠道与客户资源,迅速地获得相关市场信息,从而降低了新产品开发的风险与成本,为新产品开发市场绩效的提升提供了更有力的保障。但是,通过开放式创新模式获取营销资源的方式存在着特殊的信息搜索及交易成本。为了获得更多的营销资源,企业需要冒更大的风险、花费更多的精力与伙伴进行沟通,增加更多的额外成本以促进渠道畅通,当营销资源超出一定程度时,从而难以有效地降低新产品开发风险、提升新产品开发市场绩效。由此,提出如下假设:

H1:企业开放式创新中营销资源对新产品开发风险有负向边际递减的作用。

H2:企业开放式创新中营销资源对新产品开发市场绩效有正向边际递减的作用。

3.2.2　技术资源与新产品开发

技术资源是组织获取、吸收、转化、利用及创造新知识的资产与能力 (Zahra & George, 2002)[144], 涉及研发资源、制造技能、生产工艺、过程创新能力及技术变革预测等（Dutta，2005）[145]。宋等（Song et al.，2005）[143]实证研究表明技术资源对新产品创新绩效有正向影响。科恩和利文索尔（Cohen & Levinthal，1990）[73]认为技术资源对产品创新绩效有关键促进作用。舒尼克和斯旺森（Schoenecker & Swanson，2002）[146]分析发现技术资源与新产品开发绩效之间显著正相关。亨特和摩根（Hunt & Morgan，1995）[147]指出技术资源能够帮助企业更好地应对技术环境的变化，从而提高新产品开发的绩效。

开放式创新使企业能够从更广泛的范围获取各种技术资源，这既能提高新产品研究、开发的效率，又能降低新产品生产、制造的风险。不容忽视的是，在新产品开发过程中，更多的技术资源外取，可能导致企业过度依赖外部技术，甚至出现合作伙伴控制关键核心技术的新风险，进而动摇内部研发部门的战略性地位。此外，有效利用外部技术资源，需要企业拥有相应的吸收能力（Cohen & Levinthal，1990）[73]，外部技术资源获取如果超出企业的认知极限，反而不利于新产品开发风险的降低与新产品开发市场绩效的提升。由此，提出如下假设：

H3：企业开放式创新中技术资源对新产品开发风险有负向边际递减的作用。

H4：企业开放式创新中技术资源对新产品开发市场绩效有正向边际递减的作用。

3.2.3 营销和技术资源交互效应与新产品开发

成功的创新需要领先的技术资源，但互补的资源也不可或缺，如营销资源（Teece，1986）[6]。营销与技术的交互协同是企业营销职能部门与研发、生产制造职能部门之间资源共享、整合集成的一种能力（Song & Parry，1992）[148]。宋等（Song et al.，2005）[143]实证发现技术资源与营销资源的交互效应对新产品开发绩效有正向显著影响。梅迪克和瑞格（Maidique & Zirger，1984）[149]认为新产品开发失败的主要原因就在于研发与营销部门之间缺乏持续良好的合作关系。索德（Souder，1987）[150]实证表明研发与营销部门之间的和谐程度对新产品开发的成功有明显正向促进。

企业通过共享内外互补的创新资源，减小了技术与市资源与技术资源之间将体现出更多的互补效应：企业内外营销资源的结合能够减少不确定性，提高了创新效率（Pisano，1990；Tyler & Steensma，1995）[151-152]。实施开放式创新的企业，能够主动从内部、外部获取符合自身目标的资源，其营销更迅速地反馈顾客需求及偏好的变化，有助于企业有选择地吸收技术资源、弥补自身缺陷，进而发展并应用新的技术资源，创造出更具价值的新产品；反过来，企业推出高品质的新产品，能够提升顾客的忠诚度与满意度，增强企业品牌及客户关系管理的能力，从而传递和获取更高的新产品价值。然而，正如前所述，过度地搜索、获取内部与外部的营销和技术资源也可能阻碍企业的新产品开发（Cooper，1983）[153]。由此，提出如下假设：

H5：企业开放式创新中营销与技术资源的交互效应对新产品开发风险有负向边际递减的作用。

H6：企业开放式创新中营销与技术资源的交互效应对新产品开发市场绩效有正向边际递减的作用。

3.3 基于制造业企业的实证研究

3.3.1 样本选择与数据收集

本研究选择以制造业企业为研究对象，采用问卷调查与深度访谈的方式收集数据。被调研企业的新产品开发涉及通信、计算机硬件、交通运输、仪器仪表、电气机械及器材等制造行业。首先，在大量文献研究、企业深度访谈与实地调研的基础上设计出初始调查问卷，并选择湖南省 10 家代表性企业进行预测试，根据反馈的建议对初始问卷进行修改与完善，形成最终的调查问卷。其次，通过电话访谈、调查问卷分发与收集来采集研究数据：给被调研企业的首席执行官、总经理打电话或者面谈，向其解释调研的目的并询问能否配合参与本研究，并请其确认被调研企业的新产品开发是否满足下列条件：第一，新产品开发过程采用了开放式创新模式；第二，该产品由企业新开发，并与伙伴企业现有产品不同；第三，该产品在市场上至少已存在六个月。所有被调研的企业都获得了一份定制分析报告作为他们参与本研究的回报。最后共计150家企业符合调研要求，并确定同意配合参与本研究。随后，深入这些企业进行实地调研，向首席执行官、总经理或营销和技术部门负责人直接发放问卷请其填答，其中104份问卷当天收回，另有23份问卷一周后由企业寄回，共回收问卷127份，回收率为84.67%。但其中12份问卷的部分内容填写不完整，因此将其视为无效问卷被剔除，最终获得115家企业的数据，有效问卷回收率为76.67%。样本企业的特征描述如表3.1所示。

表3.1　　　　　　　　　样本企业特征描述（N＝115）

分类		比例（%）	分类		比例（%）
所属类别 （%）	通信设备	5.22	成立年限	1年以下	0
	计算机设备	3.48		1~5年	21.74
	其他电子设备	11.30		5~10年	26.09
	交通运输设备	13.91		10~20年	36.52
	仪器仪表	11.30		20~30年	3.48
	文化、办公用机械	3.48		30年以上	12.17
	电气机械及器材	20.87	员工人数	100人以下	21.74
	其他	30.43		101~300人	25.22
拥有资产	1亿元以下	34.78		301~500人	20.87
	1亿~5亿元	26.09		501~1000人	12.17
	5亿~10亿元	11.30		1000~10000人	18.26
	10亿~50亿元	11.30		10000人以上	1.74
	50亿元以上	16.52			

3.3.2　变量测度

本研究按照丘吉尔（Churchill，1979）[154]提出的多步骤流程，采用 7 级李克特量表对变量进行测度。

营销资源（marketing resources，用 MR 表示）：根据科兰（Calantone et al.，1996）[141]、威尔德纳（Weerawardena，2003）[142]的研究，从市场知识、客户关系、渠道关系、客户需求四个维度来测度企业开放式创新中所拥有的营销资源。

技术资源（technology resources，用 TR 表示）：根据狄塞波等（DeSarbo et al.，2007）[155]的研究，从技术储备、工程管理、专业技能、技术管理四个维度来测度企业开放式创新中所拥有的技术资源。

新产品开发风险（new product development risk，用 NPDR 表示）：基于小川和皮勒（Ogawa & Piller，2006）[156]的研究以及对企业的实地调研，从开发成本、销售额占比、开发速度、失败概率方面形成四个题项来测度新产品开发的风险。

新产品开发市场绩效（new product development market performance，用 NPDMP 表示）：根据加蒂尼翁和什韦勒布（Gatignon & Xuereb，1997）[126]的研究，从新产品推出频率、财务回报、销售额及市场竞争优势四个方面来测度新产品开发的市场绩效。

控制变量：采用企业规模（enterprise size，用 ES 表示）、企业年龄（enterprise age，用 EA 表示）和行业动态（industry dynamism，用 ID 表示）三个变量来控制企业及行业水平。在企业层面，用被调研企业的员工数量来衡量企业规模，用被调研企业成立的年数来测度企业年龄。在行业层面，米勒（Miller，1987）[157]修改了研究中的量表，形成四个题项来测度行业的动态。

本研究使用 AMOS 17.0 软件进行了验证性因子分析，样本数据拟合指标：chi-square = 79.427，p < 0.01，CFI = 0.941，NFI = 0.929，IFI = 0.923，

RMSEA = 0.073，可以发现，验证性因子模型拟合得较好。通过 SPSS 17.0 对样本数据的信度进行检验，得到信度分析结果如表 3.2 所示，每个因子荷载为正且在 0.010 水平下显著，系数均大于 0.7，这表明各潜变量的测度表现出良好的内部一致性，具有较高的信度。此外，潜变量 AVE 均大于 0.5，说明各变量具有较好的收敛效度；所有 AVE 的平方根均大于潜变量间的相关系数，且均大于 0.5，说明量表具有较好的区别效度。表 3.3 显示了变量的描述性统计与相关关系。

表 3.2 量表题项与信度分析结果

构面	题项	因子荷载	α 系数
营销资源[①]	积累了丰富的市场知识	0.837	0.858
	与客户建立了稳固的关系	0.853	
	与渠道成员建立了稳固的关系	0.890	
	对客户需求进行了深入分析	0.787	
技术资源[①]	建立了很深的技术储备	0.896	0.912
	积累了丰富的工程管理知识	0.904	
	掌握了透彻的专业技能	0.906	
	对技术管理有深刻的理解	0.854	
新产品开发风险[②]	新产品开发成本的波动增大了	0.828	0.910
	新产品销售额占总销售额比率的波动增大了	0.905	
	新产品开发速度的变化增大了	0.917	
	新产品失败概率增大了	0.902	
新产品开发市场绩效[②]	频繁地向市场推出新产品	0.843	0.932
	新产品产生了更高的财务回报	0.939	
	新产品使企业销售额得到了显著提升	0.940	
	新产品帮助企业获得了较好的市场竞争优势	0.926	
行业动态	顾客偏好一直在迅速地改变	0.797	0.710
	市场需求和消费者喜好变得难以预测	0.862	
	采用的技术正在发生快速的变化	0.567	
	很难预测未来五年内有关产品发展的技术变化趋势	0.684	

注：①为在开放式创新中，与竞争对手相比；②为过去五年中，与竞争对手相比。

表 3.3 变量描述性统计与相关系数

变量	均值	标准差	1	2	3	4	5	6	7
1. MR	5.2848	0.90193	1						
2. TR	5.0478	1.15655	0.656**	1					
3. NPDR	3.2543	1.14468	−0.493**	−0.590**	1				
4. NPDMP	4.8391	1.24833	0.450**	0.480**	−0.838**	1			
5. ES	2.5739	1.53361	0.160*	0.144	0.123	−0.241**	1		
6. EA	3.5913	1.21320	−0.067	−0.116	−0.122	0.030	0.419**	1	
7. ID	4.0239	1.04921	0.132	0.172*	0.145	−0.235**	0.158*	0.134	1

注：* 表示 $p < 0.050$，** 表示 $p < 0.010$。

3.3.3 实证结果与分析

本研究采用分层回归分析（hierarchical regression analysis）以检验提出的假设。为了测试营销和技术资源对新产品开发绩效作用存在递减效应，本研究将营销和技术资源进行自然对数转换（John & Sarianna，1998)[158]，运用 SPSS 17.0 进行分层回归分析对模型进行检验，将控制变量、自变量、自变量交互项依次进入模型。分层回归分析结果如表 3.4 所示。研究的六个假设中有四个得到了支持。H1 预测企业开放式创新中营销资源对新产品开发风险（$\beta = 0.050$，$p > 0.100$）有负向边际递减的作用，没有得到支持。H2 预测企业开放式创新中营销资源对新产品开发市场绩效（$\beta = 0.319$，$p < 0.050$）有正向边际递减的作用，得到支持。与 H3、H4 预测相一致，企业开放式创新中技术资源对新产品开发风险（$\beta = -0.147$，$p < 0.050$）有负向边际递减的作用、对新产品开发市场绩效（$\beta = 0.335$，$p < 0.050$）有正向边际递减的作用。H5 预测企业开放式创新中营销与技术资源的交互效应对新产品开发风险（$\beta = -0.051$，$p < 0.050$）有负向边际递减的作用，得到支持。然而 H6 预测企业开放式创新中营销与技术资源的交互效应对新产品开发市场绩效

（β = − 0.002，p > 0.100）有正向边际递减的作用，没有被验证。

表 3.4　　　　　　　　营销与技术资源对新产品开发绩效的作用

变量	NPDR		NPDMP	
	模型 1	模型 2	模型 3	模型 4
自变量				
主要作用				
ln(MR)	− 0.210 *	0.050	0.314 *	0.319 *
ln(TR)	− 0.428 **	− 0.147 *	0.317 **	0.335 *
交互作用				
ln(MR) × ln(TR)		− 0.051 *		− 0.002
控制变量				
ES	− 0.115 +	− 0.127 +	0.067	0.061
EA	0.047	0.048	− 0.120	− 0.119 +
ID	− 0.132	0.051	0.080	0.035
F 值	14.350 **	14.772 **	8.637 **	8.354 **
R^2	0.404	0.407	0.273	0.277
R^2 变化值		0.003		0.004

　　注：+ 表示 $p < 0.100$，* 表示 $p < 0.050$，** 表示 $p < 0.010$。

　　本研究探讨了开放式创新中企业的两类关键资源及其交互效应对新产品开发风险与新产品开发市场绩效的作用机理，运用中国 115 家制造业开放式创新企业的第一手调研数据进行了实证研究，结果发现企业关键资源中的营销资源与新产品开发风险并不相关，但是对新产品开发市场绩效有正向边际递减的作用；关键资源中的技术资源对新产品开发风险有负向边际递减的作用，对新产品开发市场绩效有正向边际递减的作用；这两类关键资源的交互效应对新产品开发风险有负向边际递减的作用，然而对新产品开发市场绩效没有显著作用。

本研究表明，企业开放式创新中营销资源、技术资源与新产品开发风险、新产品开发市场绩效之间存在复杂的非线性的关系：在开放式创新中，企业拥有的营销资源或技术资源能够独立地正向促进新产品开发市场绩效的提升，但是随着营销或技术资源的增加，这种促进作用将逐渐递减；而企业拥有的技术资源能够降低新产品开发风险，但是随着技术资源的增加，这种减低作用也将趋于平缓；这意味着，企业在开放式创新中所拥有的营销资源、技术资源并不是越多越好，过度的营销与技术资源获取并不能更有效地降低新产品开发风险、提高新产品开发市场绩效。值得注意的是，企业拥有的营销资源对新产品开发风险没有显著作用，即在中国情境下，通过开放创新模式获取更多的营销资源并不能降低新产品开发的风险。但是，营销资源与技术资源的交互效应能够降低新产品开发过程中的风险，营销资源虽然并不直接作用新产品开发风险，但营销资源能指导和帮助企业将拥有的技术资源更合理地分配到新产品开发过程中的产品设计、流程改进、生产制造等阶段，有助于技术资源对新产品开发风险的作用。

3.4　本 章 小 结

本章基于资源基础理论与开放式创新相关研究，深入研究了开放式创新中企业营销与技术两类关键资源及其交互效应对新产品开发风险与新产品开发市场绩效的作用机理，并聚焦中国情境，运用 115 家实施开放式创新的制造业企业实地调研的第一手数据进行实证研究，结果发现开放式创新中企业营销资源、技术资源与新产品开发风险、新产品开发市场绩效之间存在复杂的非线性关系：营销资源对新产品开发市场绩效有正向边际递减的作用，但是对新产品开发风险没有显著作用；技术资源对新产品开发风险有负向边际递减的作用、对新产品开发市场绩效有正向边际递减的作用；营销资源与技术资源的交互效应对新产品开发风险有负向边际递减的作用，然而对新产品开发市场绩效没有显著作用。

这些研究发现为企业开放式创新中新产品开发项目提供了重要的管理启示。通过开放式创新模式，企业能够从更广的范围搜寻、整合更多的资源，为新产品开发的成功提供支持，但是，管理者对于过量的资源获取应持谨慎态度。首先，应注意保持资源与成本的平衡。开放式创新中的新产品开发会引起组织结构、文化等多方变革，将增加管理的复杂性，管理者应充分考虑新产品开发所需关键资源的搜索、交易及合作的成本与风险；开放式创新模式还可能导致企业过度依赖外部营销、技术资源，造成企业内部关键资源、知识的外溢（spillover）与泄露（leakage）。因此，应尽量避免这些负面影响。其次，应注意保持资源与能力的平衡。在新产品开发过程中，过度的资源获取可能导致路径依赖，此时，企业将会过于依赖现有的资源和能力，其行为不再随机，这将极大阻碍企业的创造性思维和对资源的有效利用。因此，应避免这些情况的出现，以促使企业投入足够的努力来探索新的思路与解决方案。

第4章　新产品开发中客户与技术资源获取战略

资源约束始终是企业创新所面临的难题，开放式创新模式克服了封闭式创新模式对企业边界的限制，能够为企业新产品开发活动提供多样化的资源获取渠道与机会，然而正确地选择创新模式仅仅是一个开始，随后如何有效地构建资源获取战略就成为新产品开发成功的关键。创新与商业化已被视为企业创新中最为重要的两类活动（Teece，1986）[6]，技术资源与客户资源是与之相对应的两类关键资源。为了对资源获取战略与新产品开发绩效之间的关系有一个清晰深刻的认识，本章在前一章研究基础上，构建开放式创新中企业客户资源挖掘—技术资源探索、客户资源探索—技术资源挖掘、客户资源探索—技术资源探索、客户资源挖掘—技术资源挖掘四种资源获取战略，运用中国制造业企业调研数据进行实证，以探索开放式创新中企业客户资源挖掘/探索—技术资源探索/挖掘战略对新产品开发绩效的作用机理，明晰开放式创新中企业客户资源与技术资源获取途径。

4.1　引　　言

在 21 世纪，企业面临着新的创新"风险"的挑战（Dutton & Jackson，1987）[159]，这种"风险"既是一种"威胁"，也是一种"机会"。"威胁"意味着企业需要满足更多样与个性化的市场需求，"机遇"则意味着企业的创新资源日益丰富、全球各地无处不在（Prahalad & Krishnan，2008）[160]。作为一项重要经营活动，新产品开发对于企业的持续生存与绩效提升非常重要（Dougherty，1992）[161]。新产品开发的成功不仅能够帮助企业创造客户资源，而且能够促进企业建立新的技术标准、构建新的商业模式、创造领先的工业设计（Cooper，2001）[162]。然而，企业在新产品开发实践中往往面临着巨大的风险。有一项调查研究就描述过令人沮丧的一幕：在 11 个新产品开发项目中，约 3 个能够进入实际开发过程，约 1.3 个能够进入市场，而仅有 1 个能够在商业上获得长期的成功（Page，1993）[163]。当前，开放式创新在实践与理论方面都得到了显著发展（Chesbrough，2003b）[7]，开放式创新模式已经被广泛应用于新兴产业（West，2003；Henkel，2006）[164-165] 或成熟的行业（Chesbrough & Crowther，2006）[166]。在此背景下，企业必须转变创新模式（Chesbrough，2003b）[7]，将"开放"的资源投入到新产品开发活动，充分利用内部、外部资源的互补，以促进新产品开发的成功。

新产品开发活动中的资源获取是企业战略的重要组成部分。为了创造持续的竞争优势，企业必须制定并灵活应用合适的资源获取战略。开放式创新克服了封闭式创新对企业边界的限制，并强调创新的资源既来自于企业内部，也来自于企业外部，拓展了创新资源的来源，然而，正确的模式选择只是一个开始，有效的资源获取战略成为成功创新的关键。在现有文献中，已有大量研究表明资源在新产品开发成功中扮演着重要角色（Griffin & Page，1993；Krishnan & Ulrich，2001；Ma et al.，2012）[131,167-168]，但并没有深入探讨在开放式创新中企业资源获取战略对新产品开发绩效的作用机理。开放式创新能够为企业新产品开发活动提供多样化的资源获取途径与机会，然而这并不意味着新产品开发能够取得成功。在此模式下，企业资源获取战略与新产品开发绩效之间究竟是一种怎样的关系？不同的资源获取战略对新产品开发活动的作用有什么不同？这些都是开放式创新中新产品开发活动亟须解决的关键科学问题。

事实上，作为企业基本职能之一的"创新"（Drucker，1954）[136]，对于企业绩效有着非常重要的作用。蒂斯（Teece，1986）[6] 在研究中进一步明确了与企业创新过程相关的两类活动：创新与商业化，由此，与之紧密联系的资源可分为两类：一类是企业的技术资源，另一类是企业的客户资源。此外，资源获取（resource acquisition）作为资源基础理论中一个重要概念，是企业通过某种方式获得所需及必要的关键性资源（Brush et al.，2001）[169]。资源获取方式一般可分为两类：外部获取与内部培育（Sinnon & Hitt，2003）[170]，类似于马奇（March，1991）[119]在研究组织适应活动中提出的探索（exploration）与挖掘（exploitation）的概念。挖掘与探索是两种性质不同甚至截然相反的资源获取方式，挖掘是以改进生产效率为特征的活动，收益具有稳定性和短期性，与机械式结构、稳定系统及路径依赖相联系；探索是以搜索、发现及冒险等为特征的活动，收益具有变动性和远期性，与灵活的结构、松散系统及路径突破相联系。

基于此，本研究将新产品开发客户资源与技术资源获取方式划分为向内挖掘与向外探索两种模式。向内挖掘是在组织当前已有资源基础上进行开发，旨在充分、全面利用组织已有资源；向外探索倾向于脱离组织当前已有资源，旨在拓展全新的资源。由此，本研究构建了四种资源获取战略：客户资源挖掘—技术资源探索、客户资源探索—技术资源挖掘、客户资源探索—技术资源探索、客户资源挖掘—技术资源挖掘，并收集了102家实施开放式创新的制造业企业的一手调研数据，深入研究开放式创新中企业资源获取战略对新产品开发绩效的作用机理。本研究将为企业开放式创新中客户与技术资源获取战略实施、新产品开发绩效提升提供重要的理论指导与管理启示，并将进一步丰富开放式创新、新产品开发相关领域的研究。

4.2　新产品开发中客户与技术资源获取战略构建

"开放式创新"意味着有价值的创意获取及其商业化途径能够从企业外部与内部同时进行（Chesbrough，2003b）[7]，能够有意识地将企业内部拥有的资源与外部获得的资源整合起来，并通过多种渠道发掘市场机会（West & Gallagher，2006）[82]。开放式创新贯穿于创新与商业化的整个过程（Afuah，2003）[171]，是一种开放式的价值创新而非单纯的技术创新，即在技术创新基础上进一步实现其商业价值（Chesbrough，2003b）[7]。开放式创新使得企业能够共享互补的创新资源，减小了技术与市场的不确定性，提高了创新的效率（Pisano，1990；Tyler & Steensma，1995）[151-152]。

企业是一个资源与能力的集合体（Barney，1986，1991）[25,27]，资源能够推动企业各种创新活动，从而为企业获取收益、保持竞争优势奠定基础（Wernerfelt，1984）[23]。资源充足性是企业进行创新活动的充分条件，不仅能为企业创新提供投入保证，还能使得企业从容应对创新风险（Rosner，1968）[172]。创新的成功依赖于互补的资源，缺乏互补资源的企业需要通过开放模式获取外部资源，以促进新产品商业化的成功（Teece，1986）[6]。蒂斯（Teece，2006）[173] 从战略角度强调了技术创新中商业化资源的重要作用，认为商业化资源是指研发成果进入市场所需的资源，这些资源可以来源于企业的客户（Chesbrough & Crowther，2006）[166]。德鲁克（Drucker，1954）[136] 曾指出，企业的首要任务就是"创造客户"。企业只有开发出客户需要的新产品，才能真正实现技术创新的成功，显然客户资源在其中占据了重要角色。

4.2.1 客户挖掘与技术探索组合战略分析

组织的持续创新依赖于挖掘性学习与探索性学习的平衡（March，1991）[119]，两者之间的平衡对企业绩效有显著正向作用（Gibson & Birkinshaw，2004）[174]。新产品开发的成功同样也需要资源挖掘与资源探索之间的平衡。

客户资源向内挖掘是指对企业现有客户资源的深入开发，以充分利用内部现有客户资源。成功的新产品开发源于企业现有客户的参与，当现有客户参与到其间知识分享的活动时，新产品开发将更容易获得成功（Chang et al.，2006；Gruner & Homburg，2000；Calantone et al.，1996）[175-176,141]，也有助于新产品开发绩效提升（Olaon & Bakke，2001）[177]。与现有客户建立并保持良好的合作关系，被视为确保获得客户需求信息的重要战略，这种战略促进了组织效率与绩效。客户资源挖掘一方面可以降低企业获取客户资源的成本，另一方面也增加了被竞争对手模仿的难度，从而建立更为持久的竞争优势。此外，对于现有客户资源的挖掘，能够提高现有客户的忠诚度，忠诚客户对于企业而言极具战略价值，其提供的信息，无疑有助于开发的新产品更紧密地贴近市场，从而大大提高企业决策准确度与商业化能力。技术资源向外探索是指对企业外部潜在技术资源的广泛探索，以拓展全新的技术资源。技术资源的外部探索有利于技术的多样化，对企业绩效有着显著的正向作用（Granstrand et al.，1992）[178]。企业通过与掌握先进技术的供应商合作，利用其技术资源和能力，共享市场与信息，能够降低产品创新成本、提高产品质量、缩短开发周期，从而创造竞争优势（Clark，1989）[179]。企业通过外部专家的技术资源支持，促进技术创新要素有效组合，更容易取得新产品开发突破性成果（Klevorick et al.，1995；Faems et al.，2005）[180-181]。

客户资源向内挖掘与技术资源向外探索能够产生协同效应。例如，IT 行业知识更新速度非常快，即使像英特尔这样的垄断企业也无法完全依靠内部创新来开发所需的全部技术资源。然而，在企业外部却存在丰富的知识与技术资源，于是英特尔创造了大量将外部技术资源内部化的项目，通过风险投资基金投资于新型小企业、建立松散型的技术研究机构等方式来拓展英特尔的市场、开展创新活动。英特尔这种类似"章鱼式"的开放式创新模式，结合自身优势与外部技术资源特点，通过大量挖掘外部技术资源并进行内部商业化的模式，即客户资源向内挖掘与技术资源向外探索产生了很好的协同，极大地促进了英特尔创新的成功。据此，提出如下假设：

H1：客户资源挖掘—技术资源探索战略能够（a）提高新产品开发市场绩效，（b）降低新产品开发风险。

4.2.2　客户探索与技术挖掘组合战略分析

客户资源向外探索是指对企业外部潜在客户资源的广泛探索，以拓展全新的客户资源。市场中的领先用户是企业重要的潜在客户，企业应向外部领先客户学习，以提升创新的能力（Prügl & Schreier，2006）[182]。企业可以倾听潜在客户的声音，聘用他们参与到企业新产品研发、营销等过程，从这些潜在客户中寻找创新源泉。企业外部潜在客户往往拥有较高的素质与能力，能够更好地把握市场需求，提供更多有价值的建议，甚至向企业提供有创意的设计或新产品概念，从而帮助企业缩短创新进程，开发出更容易被市场所接受的新产品。企业内部技术研发有利于提升新产品开发绩效。技术资源向内挖掘是指对企业现有技术资源的深入开发，充分利用内部现有技术资源。内部研发本身能够增强企业的技术实力，提高技术资源的积累。激烈的市场竞争会促使企业选择内部技术研发以保持竞争优势（Pisano，1990）[151]。

客户资源向外探索与技术资源向内挖掘同样也能产生协同效应。例如，美国朗讯公司的优势在于企业内部强大的技术研发，每年都能产生大量研究成果。但是，由于一部分技术研发成果并不适合于企业发展战略，或者是因为朗讯公司没有相应的商业化能力而被闲置。针对这一状况，朗讯公司采取将内部技术进行外部商业化，通过创建特殊的组织机构——新事业小组（new ventures group），将内部技术研发成功却被闲置的技术转移到外部风险组织进行商业化，从而为朗讯公司带来持续的盈利。据此，提出如下假设：

H2：客户资源探索—技术资源挖掘战略能够（a）提高新产品开发市场绩效，（b）降低新产品开发风险。

4.2.3 客户探索与技术探索组合战略分析

然而，值得注意的是，探索式与利用式创新的失衡对企业绩效有负面的作用（He & Wong，2004）[183]。客户资源向外探索与技术资源向外探索战略将导致一种错位，将对新产品开发绩效产生负向作用。事实上，在新产品开发过程中，企业的开放程度并非越高越好，有研究表明企业向外搜索（宽度与深度）与创新绩效之间是一种倒 U 型关系（Laursen & Salter，2006）[103]。资源过度向外探索，可能导致企业过度依赖外部资源，这将使企业面临失去自主权的风险。此外，企业必须具备相应的能力以识别外部有价值的资源，吸收并有效利用（Cohen & Levinthal，1990）[73]。如果外部客户与技术资源多样性程度很高，则企业需要花费更大的成本去学习、吸收这些资源（Nonaka，1991）[184]。外部探索的客户与技术资源如果超出企业的能力极限，反而会阻碍新产品开发绩效。在客户与技术资源向外探索过程中，企业需要建立并维持与外部的关系，这些活动需要花费大量的成本，并且如果没有定期的联系与互动，这种关系就有可能不能持续（Grabher，2002）[185]。在开放式创新中，客户与技术资源的获取存在特殊的信息搜索及交易成本，企业需要花费更多的时间、精力与外部进行协调，有可能付出高昂的额外成本，从而对新产品开发绩效产生负面作用。据此，提出如下假设：

H3：客户资源探索—技术资源探索战略将（a）降低新产品开发市场绩效，（b）增大新产品开发风险。

4.2.4 客户挖掘与技术挖掘组合战略分析

最后，客户资源向内挖掘与技术资源向内挖掘战略形成另一种错位，同样不利于新产品开发绩效的提升。这种模式下的资源获取，局限于企业内部，类似于传统的封闭式创新，企业创新能力几乎全部来自内部客户资源与技术资源的挖掘，这种组合战略可能导致企业能力的刚性。具体来说，客户资源挖掘—技术资源挖掘可能获得短期收益，但将使企业陷入能力困境（Ahuja & Katila，2001）[186]，此时，企业将产生路径依赖，难以有效应对外部环境的变化。这种路径依赖会导致企业资源刚性悖论（Leonard – Barton，1992）[187]，资源向内挖掘将限制资源向外探索，导致企业主要利用内部现有资源，从而扼杀对外部资源的探索，产生"惯性"，从而难以应对外部市场的变化

（Gilbert，2005）[188]，对新产品开发过程形成阻碍（Levinthal & March，1993）[189]。据此，提出如下假设：

H4：客户资源挖掘—技术资源挖掘战略将（a）降低新产品开发市场绩效，（b）增大新产品开发风险。

4.3 基于制造业企业的实证分析

4.3.1 样本与数据来源

本研究采用问卷调查与深度访谈的方式，针对制造业企业高级管理人员收集研究数据。在大量文献研究、企业实地调研基础上开发出初始调查问卷，并选择湖南省 10 家代表性企业进行预测试，根据反馈意见与专家建议对初始问卷进行修改与完善，最终形成正式调查问卷。最初的调研样本包括 200 家制造业企业，其新产品开发跨越多种行业，如：自动化、工业控制、电子元器件、新材料、计算机硬件、医疗设备及通讯等。本研究通过电话访谈、调查问卷分发与回收（Roy et al.，2001）[190]来进行研究数据采集。首先，给这 200 家制造业企业总经理或首席执行官打电话并发送电子邮件，以解释本次调研的目的、内容及方法，询问能否配合参与本研究，并请其确认所在企业新产品开发是否满足下列条件：第一，新产品开发过程采用开放式创新模式；第二，该产品由企业新开发，并与伙伴企业现有产品不同；第三，该产品在市场上至少已存在六个月。征得企业同意后再确定调研时间与地点，并承诺所有被调研企业问卷仅用于学术研究，被调查者将获得一个汇总结果与定制分析报告作为参与回报，最终确定 167 家企业作为调研样本。随后，深入这些企业，亲手向被调查者分发调查问卷并请其填答，79 份问卷在调研当天收回，另外 45 份问卷由企业在两周内寄回，共收集 124 份问卷，回收率约为

71.25%。其中，13 份问卷因数据大量缺失，9 份问卷数据存在异常，因此，将其视为无效问卷并剔除，最终获得 102 份问卷被用来进行数据分析，有效问卷回收率约为 61.08%。

4.3.2　量表题项与信度分析

本研究所有变量均采用 7 级李克特量表，并采用由丘吉尔（Churchill，1979）[154] 所提倡的多步骤流程进行。

客户资源挖掘（customer resources exploitation，用 CREI 表示）：基于科兰等（Calantone et al.，1996）[141] 的研究，从企业根据现有客户需求进行产品创新、积极投资员工技能发展以挖掘现有客户需求、加强相关知识与技能培训以提高对现有客户需求的了解、积极搜集现有客户需求的相关信息，形成四个题项，来测度客户资源挖掘。

客户资源探索（customer resources exploration，用 CRER 表示）：基于威尔德纳（Weerawardena，2003）[142] 的研究，从企业根据潜在客户需求进行产品创新、积极投资员工技能发展以探索潜在客户需求、加强相关知识与技能培训以提高对潜在客户需求的了解、积极搜集潜在客户需求的相关信息，形成四个题项，来测度客户资源探索。

技术资源挖掘（technology resources exploitation，用 TREI 表示）：根据狄塞波等（DeSarbo et al.，2007）[155] 的研究，从企业积极利用现有技术来促进新产品研发、积极增加对现有技术的相关投入、加强与现有技术相关知识与技能的培训、积极搜集与现有技术相关信息来促进产品开发，形成四个题项，来测度技术资源挖掘。

技术资源探索（technology resources exploration，用 TRER 表示）：根据库珀（Cooper，1983）[153] 的研究，从企业积极利用外部新技术来促进新产品研发、积极增加对外部新技术的相关投入、加强与外部新技术相关知识与技能的培训、积极搜集与外部新技术相关信息来促进产品开发，形成四个题项，来测度技术资源探索。

新产品开发市场绩效（new product development market performance，用 NPDMP 表示）：基于加蒂尼翁和什韦勒布（Gatignon & Xuereb，1997）[126] 的研究，从新产品推出频率、销售额、市场竞争优势及财务回报四个维度来测度新产品开发市场绩效。

新产品开发风险（new product development risk，用 NPDR 表示）：基于小川和皮勒（Ogawa & Piller，2006）[156] 的研究，从开发成本、开发速度、失败概率、销售额占比四个维度来测度新产品开发风险。

除上述主要变量外，本研究选取企业规模（enterprise size，用 ES 表示）、企业年龄（enterprise age，用 EA 表示）、行业动态（industry dynamism，用 ID 表示）三个变量作为控制变量。用成立年数测度企业年龄；用员工数量测度企业规模；基于米勒（Miller，1987）[157] 的研究，从顾客偏好改变的速度、对市场需求和消费者喜好预测的难易程度、企业采用技术变化的快慢、对未来五年内有关产品发展技术变化趋势预测的难易程度四个维度来衡量行业动态。

本研究运用 AMOS 17.0 软件进行了验证性因子分析，样本数据拟合指标：chi-square = 86.742，$p < 0.01$，CFI = 0.936，NFI = 0.924，IFI = 0.920，RMSEA = 0.065，这表明模型拟合程度较好。通过 SPSS 17.0 对样本数据的信度进行分析，结果如表 4.1 所示，可以发现各因子荷载均为正，α 系数在 0.010 显著水平下都大于 0.7，这表明潜变量测度具备较好的内部一致性，有较高的信度。本研究基于已有的文献成果、企业实地调研以及专家评价提出各项变量及其相应量表，具有较好的内容效度。此外，潜变量 AVE 均大于 0.5，这表明各变量具有较好的收敛效度。所有 AVE 的平方根均大于潜变量间的相关系数，且均大于 0.5，这表明量表具有较好的区别效度。在表 4.2 中，列出了变量的描述性统计与相关关系系数。

表 4.1　　　　　　　　　　量表题项与信度分析结果

构面	题项	因子荷载	α 系数
客户资源挖掘	根据客户现有需求进行产品创新	0.574	0.867
	积极投资员工技能发展以挖掘现有客户需求	0.762	
	加强了相关知识与技能培训以提高对现有客户需求的了解	0.848	
	积极搜集了现有客户需求的相关信息	0.828	
技术资源挖掘	积极利用现有技术来促进新产品研发	0.793	0.918
	积极增加对现有技术的相关投入	0.752	
	加强了与现有技术相关知识与技能的培训	0.834	
	积极搜集与现有技术相关的信息以促进产品开发	0.862	
客户资源探索	根据潜在客户需求进行产品创新	0.711	0.926
	积极投资员工技能发展以探索潜在客户需求	0.704	
	加强了相关知识与技能培训以提高对潜在客户需求的了解	0.800	
	积极搜集潜在客户需求的相关信息	0.805	
技术资源探索	积极利用外部新技术来促进新产品研发	0.834	0.946
	积极增加对外部新技术的相关投入	0.827	
	加强了与外部新技术相关知识与技能的培训	0.834	
	积极收集与外部新技术相关信息以促进产品开发	0.836	
新产品开发市场绩效	频繁地向市场推出新产品	0.747	0.925
	新产品产生了更高的财务回报	0.845	
	新产品使企业销售额得到了显著提升	0.837	
	新产品帮助企业获得了较好的市场竞争优势	0.873	
新产品开发风险	新产品开发成本的波动增大了	0.738	0.927
	新产品销售额占总销售额比率的波动增大了	0.891	
	新产品开发速度的变化增大了	0.858	
	新产品开发失败概率增大了	0.835	
行业动态	顾客偏好一直在迅速地改变	0.787	0.735
	市场需求和消费者喜好变得难以预测	0.774	
	采用的技术正在发生快速的变化	0.633	
	很难预测未来五年内有关产品发展的技术变化趋势	0.710	

表 4.2 变量描述性统计与相关系数

变量	均值	方差	1	2	3	4	5	6	7	8	9
1. CREI	5.5882	0.96834	1	0.769*	0.654*	0.743*	0.314*	-0.110	0.169	-0.093	0.078
2. TREI	5.7500	0.90789	0.769*	1	0.670*	0.748*	0.333*	-0.286*	0.188	-0.127	0.122
3. CRER	5.4975	0.99969	0.654*	0.670*	1	0.636*	0.392*	-0.302*	0.084	-0.144	0.010
4. TRER	5.3995	0.93691	0.743*	0.748*	0.636*	1	0.356*	-0.280*	0.216+	-0.123	0.213+
5. NPDMP	4.8824	1.18400	0.314*	0.333*	0.392*	0.356*	1	-0.668*	0.091	-0.052	0.097
6. NPDR	3.1544	1.14917	-0.110	-0.286*	-0.302*	-0.280*	-0.668*	1	-0.126	0.041	-0.011
7. ES	2.6176	1.55458	0.169	0.188	0.084	0.216+	0.091	-0.126	1	0.450*	0.412*
8. EA	3.5882	1.24561	-0.093	-0.127	-0.144	-0.123	-0.052	0.041	0.450*	1	0.199+
9. ID	4.0000	0.75780	0.078	0.122	0.010	0.213+	0.097	-0.011	0.412*	0.199+	1

注：+ 表示 $p < 0.100$，* 表示 $p < 0.050$。

4.3.3 多元分层回归结果及分析

本研究运用多元分层回归分析方法，以检验客户资源挖掘/探索—技术资源探索/挖掘战略与新产品开发市场绩效、新产品开发风险之间的关系。采用 SPSS 17.0 软件进行分层回归对模型进行检验，将控制变量、自变量依次进入模型。具体分析结果如表 4.3 所示。H1：客户资源挖掘—技术资源探索战略能够（a）促进新产品开发市场绩效（β = 0.762，p < 0.050），（b）降低新产品开发风险（β = −0.708，p < 0.050），得到验证。H2：客户资源探索—技术资源挖掘战略能够（a）促进新产品开发市场绩效（β = 0.358，p > 0.100），（b）降低新产品开发风险（β = −0.363，p > 0.100），没有得到支持。H3：客户资源探索—技术资源探索战略将（a）降低新产品开发市场绩效（β = −0.520，p < 0.050），（b）增大新产品开发风险（β = 0.555，p < 0.050），得到验证。H4：客户资源挖掘—技术资源挖掘战略将（a）降低新产品开发市场绩效（β = −0.493，p > 0.100），（b）增大新产品开发风险（β = 0.521，p < 0.050），部分得到支持。

本研究深入分析了开放式创新中企业客户资源与技术资源获取战略对新产品开发绩效的作用机理。结合资源基础理论与开放式创新相关理论研究，构建了开放式创新中企业客户资源挖掘/探索—技术资源探索/挖掘战略作用新产品开发绩效机理模型。运用 102 家中国制造业企业实地调研数据检验了相关研究假设。结果发现：客户资源挖掘—技术资源探索战略能够提高新产品开发市场绩效、降低新产品开发风险；客户资源探索—技术资源挖掘战略对新产品开发市场绩效与新产品开发风险没有显著作用；客户资源探索—技术资源探索战略将降低新产品开发市场绩效、增大新产品开发风险；客户资源挖掘—技术资源挖掘战略将增大新产品开发风险。

表 4.3 资源获取战略对新产品开发绩效的作用

构面	NPDMP		NPDR	
	模型 1	模型 2	模型 3	模型 4
客户与技术资源获取				
CREI	− 0.016	− 1.335	0.557 **	1.446
TREI	0.049	1.044	− 0.346	− 1.451
CRER	0.334 *	1.041	− 0.291 +	− 1.154
TRER	0.181	− 1.263	− 0.310	0.637
客户与技术资源获取战略				
CREI − TREI		− 0.493		0.521 *
CREI − TRER		0.762 *		− 0.708 *
CRER − TREI		0.358		− 0.363
CRER − TRER		− 0.520 *		0.555 *
控制变量				
ES	0.008	− 0.009	− 0.092	− 0.079
EA	− 0.006	0.012	0.019	− 0.007
ID	0.088	0.161	0.135	0.075
F 值	2.888 **	2.754 **	3.137 **	2.936 **
R^2	0.177	0.248	0.189	0.253
R^2 变化值		0.071		0.064

注：+ 表示 $p < 0.100$，* 表示 $p < 0.050$，** 表示 $p < 0.010$。

　　本研究表明，开放式创新中企业新产品开发客户资源与技术资源获取战略应注意向内挖掘与向外探索之间的平衡。两类资源同时向外探索或向内挖掘战略并不能有效促进新产品开发，相反地，会阻碍新产品开发的成功。实施开放式创新的企业往往面临双重考验：从长期来看，企业需要有适应能力、具备一定的应变与灵活性，能够敏锐地抓住外部新的机会；在短期内，企业需要有竞争能力，能充分利用已积累的资源，迅速地创造价值。这种目标在很大程度上需要通过资源获取战略的平衡来实现，即资源挖掘与资源探索的平衡。

企业客户资源挖掘—技术资源探索战略将对新产品开发市场绩效、新产品开发风险产生最优的作用。有趣的是，客户资源探索—技术资源挖掘战略新产品开发市场绩效与新产品开发风险没有显著作用。虽然，已有研究表明企业为了保持竞争优势，会倾向于避免让其竞争对手接触到自身核心技术，认为内部技术研发是在市场竞争非常激烈情况下企业首选的方式。但是，由于中国制造业企业相对缺乏核心技术，投入大量成本进行内部技术研发远不如从外部获取新的技术资源。从风险共担角度来看，合作研发是一种更为适宜的方式。同时，在中国企业客户资源构建中，建立并保持与现有客户的良好关系尤为重要。"关系"在获得客户需求信息、将新产品推向市场中扮演着重要角色，此外，通过向外探索方式获取新客户资源的成本与风险远大于维持现有客户的成本与风险，这些都会促使企业倾向更多地依赖自身现有的客户资源。

客户资源探索—技术资源探索战略将给新产品开发绩效带来负面影响：降低新产品开发市场绩效、增大新产品开发风险。外部连接需要付出机会成本与资金成本。作为一种经济行为，客户资源探索—技术资源探索战略将需要更大的信息搜寻与交易成本。资源向外探索是一个涉及多主体、重复交易的过程，主体目标的差异性以及大量不可预见性因素、合作伙伴之间价值观与文化冲突等，这将增加企业额外的时间与精力，同时也会增加交易成本与管理难度。此外，客户资源探索—技术资源探索战略会产生更多新的不确定性，客户需求与技术更新的复杂性可能导致开放式创新面临巨大的失败风险。过度地探索外部资源可能影响企业内部营销与研发部门的战略地位，失去对核心客户资源以及关键技术资源的掌控，从而对新产品开发绩效产生负面的影响。

类似于传统的封闭式创新，过度地从内部挖掘资源也存在风险。客户资源挖掘—技术资源挖掘战略意味着企业需要投入资金维护现有客户资源，并付出高昂的技术研发成本，但是，资金一直是很多企业的瓶颈。高昂的技术研发成本与现有客户资源维护成本也将给企业带来很高的风险，过度的资源向内挖掘可能导致路径依赖，导致资源刚性（资源挖掘排挤资源探索），从而增大新产品开发的风险。

4.4　本 章 小 结

本章在前一章研究基础上进一步探究了开放式创新中企业客户资源、技术资源从内部挖掘与外部探索的资源获取组合战略对新产品开发绩效的作用机理，构建了开放式创新中企业客户资源挖掘—技术资源探索、客户资源探索—技术资源挖掘、客户资源探索—技术资源探索、客户资源挖掘—技术资源挖掘四种资源获取战略。运用 102 家实施开放式创新的制造业企业调查数据展开实证，结果发现：客户资源挖掘—技术资源探索战略将显著提升新产品开发市场绩效、抑制新产品开发风险；客户资源探索—技术资源探索战略将降低新产品开发市场绩效、增大新产品开发风险；客户资源探索—技术资源挖掘战略对新产品开发市场绩效与新产品开发风险没有明显作用；客户资源挖掘—技术资源挖掘战略对新产品开发市场绩效没有明显作用，但将增大新产品开发风险。

本研究对于开放式创新中企业新产品开发资源获取具有重要的管理启示。首先，企业在资源获取时应同时考虑探索与挖掘两种战略：一方面，通过资源的向内挖掘以确保企业当前的生存；另一方面，投入足够精力进行资源的外部探索以确保企业未来的生存。企业成功的关键需要将探索与挖掘结合起来，并使两者达到一种平衡。其次，企业应依据自身资源优势与特点，向内深入挖掘已有优势资源并向外积极探索劣势资源。企业既不能盲目封闭向内挖掘资源，也不能全盘探索从外引进资源，而应既着眼于通过向内挖掘、升级现有优势资源以确保当前利润，又着眼于通过向外探索劣势资源以确保未来收益。对于新产品开发中关键资源，例如，客户资源与技术资源，若企业拥有核心价值客户资源但缺乏核心技术资源，应结合客户资源向内挖掘与技术资源向外探索战略，以更有效地获取、整合与配置内外部资源，从而取得新产品的成功开发。

第5章 新产品开发网络与技术资源匹配模式

　　开放式创新中企业新产品开发所需资源的广度和深度与日俱增，不同资源的匹配组合对于新产品开发成功具有直接决定性作用，这客观决定了企业需要融合各方面、多层次的资源，尤其是新工业革命背景下的网络资源与技术资源。此外，多元化战略作为一把"双刃剑"，既可能为企业带来范围经济、产生协同效应，也可能分散企业资源、增大企业风险，因而表现出复杂的实践效果。因此，本章在前两章基础上，结合资源基础理论与社会网络理论，深入研究开放式创新中企业新产品开发不同程度网络资源与技术资源组合对新产品开发市场绩效与新产品开发风险的作用机理，并以产品多元化作为调节变量来探究其如何间接影响网络资源和技术资源组合与新产品开发市场绩效、新产品开发风险之间的关系，运用我国制造业企业第一手调研数据进行实证，揭示开放式创新中企业新产品开发网络资源与技术资源的匹配关系。

5.1　引　　言

　　基于互联网技术及可再生能源系统融合发展的"第三次工业革命"（杰里米·里夫金，2012）[1]推动着资源的全球配置与资本的快速流动，给世界竞争格局带来了深刻变革。在当前这样一种充满不确定性因素的环境中，持续、有效的创新成为企业实现基业长青的关键。1912 年，熊彼特在首次提出创新理论时指出：创新是一种创造性破坏，是将一种"生产要素新组合"引入生产系统，其本质是将资源以不同方式的配置组合引入生产体系（熊彼特，2009）[192]。根据经济学的基本原理，创新的绩效取决于创新资源的优化配置与合理组合。企业通过对资源配置方式的调整，能够提高生产的效率（Teece，1986）[6]，特别是当企业对所拥有的资源进行有效配置后，能够加快新产品、新工艺的创新并提高创新的产出，进而增强自身适应环境变化的能力（Teece，1998）[69]。

新产品开发是企业利用所拥有的资源与能力创造新产品、改良旧产品的过程（Cooper，2003）[2]，也是知识管理的过程，具有改变企业资源配置的作用（Eisenhardt & Martin，2000）[3]，不仅决定着企业当前的市场地位，而且对企业未来的发展有深远影响（Song & Parry，1997）[4]。对任何企业而言，新产品开发都是一项高风险的活动，也耗费大量资源（Li et al.，2001）[193]。然而，任何实力雄厚的企业都不可能拥有创新所需的全部技术与资源（Teece，1986）[6]，企业必须与供应商、客户、甚至竞争对手合作（Chesbrough，2003b）[7]，借助最新的信息技术、先进的制造技术，从封闭、简单、线性的创新模式向开放、协同、网络化的创新模式转变。一批拥有智慧头脑与战略眼光的企业通过转变创新模式，例如，IBM 组织"创新即兴大讨论"、海尔建立"海尔开放创新平台"（haier open partnership ecosystem，HOPE）、亚马逊推出"土耳其机器人"众包服务平台等，在行业竞争中始终保持着巨大的领先优势。

网络已经成为企业进行新产品开发一个重要背景环境。现实中，企业构建起大量诸如战略联盟（strategic alliance）、企业集群（enterprise cluster）、虚拟企业（virtual enterprise）、联合研发（joint R&D）等形式的网络（Jarillo，1988）[194]。这些网络有助于企业快速获取资源、把握市场机会、应对环境变化、降低经营风险（Dyer & Hatch，2006）[195]。关系网络与创新资源分配的平衡能提升企业绩效，当企业整体战略与其网络位置相匹配时，其竞争优势将得到巩固和增强（Koka & Prescott，2008）[196]。此外，作为企业获得成长、规避风险的重要手段，多元化战略已被广泛应用，如产品多元化。安索夫指出"多元化就是用新的产品去开发新的市场"（Ansoff，1957）[197]。作为企业配置资源的一种方式，产品多元化不仅取决于企业拥有的内部资源，还依赖于企业嵌入的各种社会网络。

目前，许多学者在新产品开发领域展开了深入研究，取得了丰富的成果（Calantone et al.，1999；秦剑，2014；Mullins & Sutherland，1998；Kahraman et al.，2007；Chen et al.，2007；Ogawa & Piller，2006；吴伟伟等，2010；

姚山季和王永贵，2012）[8-9,12-13,126,156,198-200] 例如，一些学者从战略、资源、能力等层面研究了不同因素对新产品开发绩效的影响（吴伟伟等，2010；姚山季和王永贵，2012；秦剑，2014）[198-200]；一些学者针对新产品开发过程、模式管理等进行了研究（Chen et al.，2007；Calantone et al.，1999；Gatignon & Xuereb，1997）[12-13,126]；还有一些学者侧重于新产品开发风险因素分析及控制（Kahraman et al.，2007；Mullins & Sutherland，1998；Ogawa & Piller，2006）[8-9,156]。但是，现有文献中从资源管理视角对新产品开发进行的研究主要集中于相对宏观及中观层面，针对新产品开发过程中一些重要资源的具体匹配问题缺乏深入、细致的研究。由于新产品开发的技术需求及制造流程日益复杂，所需资源的广度与深度都在不断增加，这就客观决定了企业需要融合各方面、多层次的资源，尤其是新工业革命、开放式创新（Chesbrough，2003a）[5]时代背景下的网络资源（network resources）与技术资源（technology resources）。因此，如何从不同程度构建企业网络资源与技术资源组合模式？如何揭示新产品开发过程中不同程度网络资源与技术资源之间的匹配关系？如何探索产品多元化对不同程度网络资源与技术资源匹配关系的调节作用？都成为企业新产品开发管理中亟须解决的关键科学问题。

基于此，本研究结合资源基础理论与社会网络理论，将企业新产品开发中网络资源、技术资源分解为广度与深度，构建了不同广度与深度的网络资源和技术资源组合模式，运用我国143家制造业企业新产品开发的实地调研数据，实证研究了不同程度的网络资源与技术资源组合对新产品开发市场绩效与新产品开发风险的作用机理，并进一步以产品多元化作为调节变量来探究其如何间接影响网络资源和技术资源组合与新产品开发市场绩效、新产品开发风险之间的关系。本研究为企业提高新产品开发资源配置效率、降低新产品开发风险等管理活动提供了决策支持与参考依据，对于拓展新产品开发及资源管理等领域研究、丰富相关理论与方法具有重要的理论与现实意义。

5.2 网络与技术资源组合对新产品 开发绩效作用机理分析

资源基础理论认为，企业是有限边界的资源集合体（Penrose，1959）[22]；企业资源是能被企业控制，并为企业创造价值与收益的要素统称，这些有价值的、稀缺的、不可模仿和替代的资源是企业卓越绩效的动力（Barney，1991）[27]；企业获得超额收益的关键是其资源、能力与知识的积累（Werner-felt，1984）[23]。当企业资源与环境相匹配时，这些资源的组合就成为其竞争优势的源泉（Sirmon et al.，2010）[201]。各种互补性资源的协同能有效提升企业绩效（Barney，1991）[27]；通过对资源进行配置，企业能提高运营效率（Song et al.，2005）[143]。资源与产品如同硬币的两面，对企业而言都不可或缺，企业绩效直接源于其产品，间接且最终源于企业的资源（Wernerfelt，1984）[23]。通过识别、获取符合产品升级需求的关键性资源，企业能获得超额回报（Barney，1991）[27]；企业关键性资源通常是无形的，某种资源越不易被观察，以之为基础构建的竞争优势就越持久（Stieglitz & Heine，2007）[202]。

社会网络理论认为"社会网络"（social network）是社会行为人（social actors）及其关系的集合（Emirbayer & Goodwin，1994）[203]，由存在特定类型社会关系的节点（nodes）所构成，这些关系包括交易、友谊等（Laumann et al.，1978）[204]，行为人所有行为均嵌在其所处的社会背景中，其社会联系有助于其绩效的提升。企业处于一个与外部相关组织相互作用、相互影响的网络环境中（Gulati，1998）[205]，其间特定的联结是一种关键性资源（Dyer & Singh，1998）[75]。企业网络有直接与间接的互动关系，包含产业连接、竞争等不同类型的关系（Mouzas，2006）[206]，这些网络关系有助于企业获取网络中的信息、技术、市场等资源。网络关系的累积为企业获得有价值信息、可靠伙伴奠定了坚实的基础（Kogut et al.，1992）[207]，合理的网络结构与优秀的合作伙伴能有效弥补企业资源的不足。

成功的创新需要领先的技术资源，同时，互补的资源也不可或缺（Teece，1986）[6]。技术资源是企业进行技术选择、改进现有技术与产品、创造新技术的资产和能力（Dutta，2005）[145]；技术资源对新产品开发绩效有重要的促进作用，能帮助企业创造新技术、开发新产品和新工艺，从而提高新产品开发的绩效（Hunt & Morgan，1995）[147]。此外，企业之间纵横交错的联系是一种重要的互补性资源，这类资源存在于企业所嵌入的社会网络中，即网络资源（Gulati，1999）[208]。网络资源作为企业一种独特的资源，能够用来制定、执行企业战略（Barney，1991）[27]，给企业提供有价值的信息，使其行动比对手更迅速，从而获得竞争优势（Gulati，1998）[205]。企业通过资源互补，能减小技术与市场的不确定性，提高创新的效率（Pisano，1990）[151]。

5.2.1 网络资源广度与技术资源匹配关系分析

广度与深度的概念已被应用于组织研究中（Katila & Ahuja，2002）[209]。广度所关注的是领域范围，深度所关注的是精细程度（Wang & Tunzelmann，2000）[210]。广度与深度并不必然相互促进或冲突，即在某一维度的增减并不一定引发另一维度同向或反向变化（Katila & Ahuja，2002）[209]。基于此，本研究从广度与深度两个维度对网络资源、技术资源进行分解，其中：网络资源广度是指企业与行业内、外参与者建立联系的广泛与多样性程度，网络资源深度是指企业与行业内、外参与者建立联系的深入与稳固性程度，技术资源广度是指企业对技术储备、新技术掌握及技术管理的广泛程度，技术资源深度是指企业对技术储备、新技术掌握及技术管理的深入程度。由此，本研究构建起网络资源广度—技术资源深度、网络资源广度—技术资源广度、网络资源深度—技术资源深度、网络资源深度—技术资源广度四种不同类型的资源组合模式。

嵌入广泛社会网络联系中的企业有更多机会获取符合自身目标的资源，与其拥有的技术资源产生更好的协同、互补效应。网络资源广度越大，意味着企业与越多的行业内、外参与者建立了直接的联系，在社会网络中越处于一个中心位置，能够从社会网络中获取更多的有价值的资源。当技术资源深度较大时，企业凭借在相关领域较深的技术储备、对行业技术及管理较深的理解以及对新产品开发专业技能的较透彻掌握，能从更广的范围更有效地甄别、吸收新产品开发所需的资源、弥补自身的不足，进而发展并应用新的技术资源，开发出更具价值的新产品；通过更多重的信息渠道，企业能获取多样化的信息，有利于知识分享与学习创新（Tsai，2001）[211]，以整合伙伴核心能力并影响其经营行为，通过互惠依赖降低交易成本（Bianchi & Bellini，1991）[212]，从而减小新产品生产、制造过程中的风险。当技术资源广度较大时，企业凭借在相关领域较广的技术储备、对行业新技术及管理知识的广泛了解以及对新产品开发专业技能的广泛掌握，能更全面、更迅速地理解广大客户需求、分析与预测客户偏好，帮助企业建立并维持与广泛合作伙伴的关系，使企业能及时根据客户需求研发出更有竞争力的新产品（Song et al.，2005）[143]；结合对技术的广泛了解与掌握，企业通过与伙伴的广泛直接联系，减少了信息、市场等搜索、获取的成本，降低了新产品开发的风险。由此，提出如下假设：

H1：网络资源广度—技术资源深度组合能够（a）促进新产品开发市场绩效，（b）降低新产品开发风险。

H2：网络资源广度—技术资源广度组合能够（a）促进新产品开发市场绩效，（b）降低新产品开发风险。

5.2.2　网络资源深度与技术资源匹配关系分析

网络资源深度的提升有助于减少企业新产品开发过程中的资源约束，与其拥有的技术资源同样能产生更好的协同、互补效应。网络资源深度越大，意味着企业与行业内、外参与者建立了更深入、稳定的关系，这种与伙伴之间的信任、承诺、忠诚的长期稳固关系对实现企业可持续创新有重要作用（Hagedoorn & Schakenraad，1994）[213]。当技术资源深度较大时，企业凭借自身精深的技术与能力，在与伙伴深入互动中，能充分运用组织间信任、承诺、忠诚等高质量的关系，进一步积累技术资源，提高新产品研究、开发的效率；通过紧密并且频繁的接触和沟通，企业能有效协调新产品开发中伙伴间产生的冲突，降低新产品开发过程中的风险。当技术资源广度较大时，企业凭借广泛的技术资源，能够发掘潜在的合作伙伴、及时获得真实的市场与技术信息，大大降低了信息不对称性，新产品开发成效变得更高；紧密而稳定的供应商关系、客户关系都能直接支持企业的新产品开发活动，如：提供新创意、联合研发、共享制造设备与设施等，进而有效减低了经营的风险与成本，为新产品开发成功提供了有力保障。由此，提出如下假设：

H3：网络资源深度—技术资源深度组合能够（a）促进新产品开发市场绩效，（b）降低新产品开发风险。

H4：网络资源深度—技术资源广度组合能够（a）促进新产品开发市场绩效，（b）降低新产品开发风险。

5.2.3 产品多元化的调节效应分析

企业的资源与多元化战略密切相关。企业多元化所面临的外部机会以及自身所拥有的资源决定了企业多元化的程度（Montgomery & Wernerfelt，1988）[214]。技术多元化被认为是增强企业竞争优势的有效战略（Huang & Chen，2010）[215]，大量实证研究也表明技术多元化对企业竞争优势有正向促进（Miller，2006）[191]。产品多元化作为技术多元化的重要一类，是指企业生产的产品隶属于不同产业范围（Ramanujam & Varadarajan，1989）[216]，对企业绩效有正向的影响（Chan et al.，1989）[217]。国内外许多企业已通过各种方式（如混合兼并等）实现产品多元化，以促进企业的成长。产品多元化战略能使企业进一步优化网络资源与技术资源的配置，调节、促进网络与技术资源之间的协同、互补，实现"范围经济"，提高资源的使用效率（Penrose，1959)[22]，进而提升企业的经营业绩与价值。由此，提出如下假设：

H5：产品多元化正向调节（a）网络资源广度—技术资源深度组合与新产品开发市场绩效之间的关系，（b）网络资源广度—技术资源深度组合与新产品开发风险之间的关系。

H6：产品多元化正向调节（a）网络资源广度—技术资源广度组合与新产品开发市场绩效之间的关系，（b）网络资源广度—技术资源广度组合与新产品开发风险之间的关系。

H7：产品多元化正向调节（a）网络资源深度—技术资源深度组合与新产品开发市场绩效之间的关系，（b）网络资源深度—技术资源深度组合与新产品开发风险之间的关系。

H8：产品多元化正向调节（a）网络资源深度—技术资源广度组合与新产品开发市场绩效之间的关系，（b）网络资源深度—技术资源广度组合与新产品开发风险之间的关系。

5.3　基于制造业企业的实证研究

5.3.1　样本及数据获取

本研究以新产品开发活动比较活跃的制造业企业为对象，运用深度访谈与问卷调查的方式收集第一手翔实数据。被调研企业大部分属于具备技术、产业及管理先进性的先进制造业，涉及微电子、计算机、精密仪器、高端生物制造、新材料等先进产业；此外，调研样本也包括一小部分传统的制造业企业，涉及汽车、石化、造纸、陶瓷等传统产业。首先，根据研究的问题，在大量文献分析、企业实地调研及本领域专家意见汇总与修改的基础上设计出初始的调查问卷；选择湖南省10家有代表性的制造业企业对初始问卷进行预测试，进一步分析反馈意见并多次修改、完善，最终形成用于大规模发放的问卷。其次，通过所在调研地区的企业管理委员会，获得近400家制造业企业的名单与联系方式；通过电话、电子邮件的形式向这些企业说明本次调研的目的、内容及方法，征得企业同意后再确定调研时间与地点，并承诺所有被调研企业的问卷仅用于学术研究，最终确定182家被调研企业。随后，深入这些企业进行调研，向企业总经理及生产部门负责人发放问卷并请其填答，其中118份问卷在调研当天收回，另外41份问卷由企业于两周内寄回，共收集问卷159份，回收率约为87.36%；其中有16份问卷填答不完整，因此将其视为无效问卷并剔除，最终获得143家企业的数据，有效问卷回收率约为78.57%。在样本企业中，将先进制造技术综合应用于新产品研发设计、生产制造、营销管理等环节与过程的先进制造业企业有109家，占样本总体比例约为76.22%；此外，属于传统制造业的企业有34家，占样本总体比例约为23.78%。样本企业特征描述性统计如表5.1所示。

表5.1　　　　　　　　　　　样本企业特征描述（N=143）

	分类	比例（%）		分类	比例（%）
	通信设备	4.86		1年以下	5.56
	计算机设备	3.47		1~5年	28.47
	其他电子设备	11.81		5~10年	30.56
所属制造业类别	交通运输设备	13.89	企业年龄	10~20年	20.14
	仪器仪表	9.03		20~30年	4.86
	文化、办公用机械	3.47		30年以上	10.42
	电气机械及器材	20.83	所在行业市场结构	完全垄断	0.69
	其他	32.64		寡头垄断	9.72

续表

分类		比例（%）		分类	比例（%）
企业规模	100 人以下	22.92	所在行业市场结构	垄断竞争	26.39
	101～300 人	31.94		完全竞争	63.19
	301～500 人	20.83	企业性质	国有独资或国有控股	18.06
	501～1000 人	6.94		私营或集体	35.42
	1000～10000 人	15.28		股份制企业	41.67
	10000 人以上	2.08		外商及港澳台投资	4.86
拥有资产	1 亿元以下	27.78			
	1 亿～5 亿元	22.22			
	5 亿～10 亿元	12.5			
	10 亿～50 亿元	17.36			
	50 亿元以上	20.14			

5.3.2 变量测度

本研究所有变量均采用 7 级李克特量表进行测度。

根据古拉蒂（Gulati，1999）[208]、卡提里和阿胡贾（Katila & Ahuja，2002）[209]、王和唐哲蒙（Wang & Tunzelmann，2000）[210] 的研究，构建了网络资源和技术资源广度与深度的测度量表。

网络资源广度（network resources breadth，用 NRB 表示）：从企业与行业内参与者（如供应商、分销商）建立联系的广泛程度，与行业外参与者（如其他行业企业）建立联系的广泛程度，与行业内、外参与者建立战略联盟的广泛程度，与行业内、外参与者建立非正式渠道（如个人关系）联系的广泛程度四个维度来测度企业网络资源广度。

网络资源深度（network resources depth，用 NRD 表示）：从企业与行业内、外参与者建立信任的程度，与行业内、外参与者建立稳固关系的程度，拥有行业声誉的水平，与行业其他参与者建立利益互惠关系的程度四个维度来测度企业网络资源深度。

技术资源广度（technology resources breadth，用 TRB 表示）：从企业建立技术储备的广泛程度，对于相关新技术了解的广泛程度，积累的有关新产品和服务开发专业技能的广泛程度，积累的不同行业工程管理方面知识的广泛程度四个维度来测度企业技术资源广度。

技术资源深度（technology resources depth，用 TRD 表示）：从企业在其相关技术领域建立技术储备的深厚程度，对于相关技术积累理解的深刻程度，建立有关产品和服务开发专业技能的透彻程度，对于自身行业技术管理理解的深刻程度四个维度来测度企业技术资源深度。

产品多元化（product diversification，用 PD 表示）：基于瑞玛里杰和瓦拉达拉杰（Ramanujam & Varadarajan，1989）[216]的研究，从企业产品种类的多少，产品集中在某一产品门类的程度，产品跨不同行业的程度三个维度来测度产品多元化程度。

新产品开发市场绩效（new product development market performance，用 NPDMP 表示）：根据加蒂尼翁和什韦勒布（Gatignon & Xucrcb，1997）[126]的研究，从新产品推出频率、销售额、市场竞争优势及财务回报四个维度来测度新产品开发市场绩效。

新产品开发风险（mew product development risk，用 NPDR 表示）：通过企业实地调研及深入访谈，基于小川和皮勒（Ogawa & Piller，2006）[156]的研究，从开发成本、开发速度、失败概率、销售额占比四个维度来测度新产品开发风险。

除了上述主要变量以外，本研究选取企业年龄（enterprise age，用 EA 表示）、规模（enterprise size，用 ES 表示）以及行业动态（industry dynamism，用 ID 表示）三个变量作为控制变量。用成立年数测度企业年龄；用员工数量测度企业规模；根据米勒（Miller，1987）[157]的研究，从顾客偏好改变的速度、对市场需求和消费者喜好预测的难易程度、企业采用技术变化的快慢、对未来五年内有关产品发展技术变化趋势预测的难易程度四个维度来衡量行业动态。

本研究采用 SPSS 17.0、AMOS 17.0 软件进行数据分析。首先，运用 AMOS 17.0 对样本进行验证性因子分析，拟合指标：chi-square = 70.593，$p < 0.01$，CFI = 0.927，NFI = 0.912，IFI = 0.935，RMSEA = 0.067，这表明模型拟合得较好。其次，运用 SPSS 17.0 对样本进行信度分析，结果如表 5.2 所示，可以发现：量表题项因子荷载均为正，α 系数在 0.010 显著水平下都大于 0.7，这说明潜变量测度具备较好的内部一致性，有较高的信度。本研究基于已有的文献成果、企业实地调研以及专家评价提出各项变量及其相应量表，具有较好的内容效度。此外，潜变量 AVE 都大于 0.5，表明各变量有较好的收敛效度。所有 AVE 的平方根均大于潜变量间的相关系数，且都大于 0.5，表明量表有较好的区别效度。运用 SPSS 17.0 对样本数据进行描述性统计分析及相关性分析，结果如表 5.3 所示。

表 5.2　　　　　　　　　　量表题项与信度分析结果

变量与题项		因子荷载	α 系数
网络资源广度	与行业内参与者（如供应商、分销商）建立了广泛的联系	0.764	0.727
	与行业外参与者（如其他行业的企业）建立了广泛的联系	0.871	
	已与行业内外的参与者建立了广泛的战略联盟	0.882	
	已与行业内外的参与者建立了非正式渠道（如个人关系）的广泛联系	0.719	
网络资源深度	与行业内外的参与者已建立起高度的信任	0.930	0.750
	与行业内外的参与者已建立起稳固的关系	0.921	
	拥有很高的行业声誉	0.738	
	与行业其他参与者建立起很高的利益互惠关系	0.809	

续表

变量与题项		因子荷载	α 系数
技术资源广度	已建立了广泛的技术储备	0.890	0.830
	对于相关新技术已有广泛的了解	0.908	
	已积累了有关新产品和服务开发的广泛的专业技能	0.923	
	已积累了不同行业工程管理方面的广泛知识	0.807	
技术资源深度	在其相关技术领域建立了很深的技术储备	0.899	0.832
	对于相关技术已积累了深刻的理解	0.936	
	已建立起有关我们产品和服务开发的透彻的专业技能	0.919	
	对于自身行业的技术管理有很深的理解	0.814	
产品多元化	产品种类很多	0.834	0.788
	产品分散在很多产品门类	0.819	
	产品跨不同行业	0.796	
新产品开发市场绩效	频繁地向市场推出新产品	0.855	0.848
	新产品产生了更高的财务回报	0.944	
	新产品使企业销售额得到了显著提升	0.921	
	新产品帮助企业获得了较好的市场竞争优势	0.903	
新产品开发风险	新产品开发成本的波动增大了	0.777	0.831
	新产品销售额占总销售额比率的波动增大了	0.913	
	新产品开发速度的变化增大了	0.903	
	新产品开发失败概率增大了	0.928	
行业动态	顾客偏好一直在迅速地改变	0.830	0.709
	市场需求和消费者喜好变得难以预测	0.820	
	采用的技术正在发生快速的变化	0.700	
	难预测未来五年内有关产品发展的技术变化趋势	0.661	

表 5.3 变量描述性统计与相关系数

变量	均值	标准差	1	2	3	4	5	6	7	8	9	10
1. NRB	4.8094	0.95126	1									
2. NRD	5.0140	1.08559	0.794**	1								
3. TRB	5.1538	1.13092	0.486**	0.467**	1							
4. TRD	5.2010	1.12089	0.515**	0.499**	0.836**	1						
5. PD	4.3706	1.23594	0.235**	0.165*	0.336**	0.372**	1					
6. NPDMP	4.9965	1.19528	0.197*	0.263**	0.377**	0.409**	0.391**	1				
7. NPDR	3.1294	1.09329	-0.282**	-0.314**	-0.468**	-0.488**	-0.384**	-0.830**	1			
8. ES	2.6713	1.41310	0.257**	0.148	0.000	0.015	0.160	0.036	-0.126	1		
9. EA	3.2168	1.34866	0.001	0.041	-0.144	-0.081	0.046	-0.148	0.062	0.429**	1	
10. ID	4.0612	1.00711	0.178*	0.153	0.026	0.054	0.152	0.086	-0.138	0.123	0.156	1

注：* 表示 $p < 0.050$，** 表示 $p < 0.010$。

5.3.3 分层回归与调节效应检验

本研究运用分层回归分析方法来检验不同程度的网络资源与技术资源组合与新产品开发市场绩效、新产品开发风险之间的关系，并进一步验证产品多元化在其中所起的调节作用。本研究采用 SPSS 17.0 软件进行分层回归对模型进行检验，将控制变量、自变量、调节变量依次进入模型，具体结果如表 5.4 所示。H1：网络资源广度—技术资源深度组合能够（a）促进新产品开发市场绩效（$\beta = 0.229$，$p < 0.050$），（b）降低新产品开发风险（$\beta = -0.269$，$p < 0.050$），得到验证。H2：网络资源广度—技术资源广度组合能够（a）促进新产品开发市场绩效（$\beta = -0.273$，$p < 0.050$），（b）降低新产品开发风险（$\beta = 0.282$，$p < 0.050$），没有得到支持。H3：网络资源深度—技术资源深度组合能够（a）促进新产品开发市场绩效（$\beta = -0.195$，$p < 0.050$），（b）降低新产品开发风险（$\beta = 0.239$，$p < 0.100$），没有被验证。H4：网络资源深度—技术资源广度组合能够（a）促进新产品开发市场绩效（$\beta = 0.268$，$p < 0.050$），（b）降低新产品开发风险（$\beta = -0.293$，$p < 0.050$），得到支持。H5：产品多元化正向调节（a）网络资源广度—技术资源深度组合与新产品开发市场绩效之间的关系（$\beta = 0.112$，$p > 0.100$），（b）网络资源广度—技术资源深度组合与新产品开发风险之间的关系（$\beta = -0.111$，$p < 0.05$），部分得到支持。H6：产品多元化正向调节（a）网络资源广度—技术资源广度组合与新产品开发市场绩效之间的关系（$\beta = -0.094$，$p < 0.05$），（b）网络资源广度—技术资源广度组合与新产品开发风险之间的关系（$\beta = 0.083$，$p < 0.05$），得到验证。H7：产品多元化正向调节（a）网络资源深度—技术资源深度组合与新产品开发市场绩效之间的关系（$\beta = -0.063$，$p > 0.100$），（b）网络资源深度—技术资源深度组合与新产品开发风险之间的关系（$\beta = 0.078$，$p > 0.100$），没有被验证。H8：产品多元化正向调节（a）网络资源深度—技术资源广度组合与新产品开发市场绩效之间的关系（β = 0.064，p > 0.100），（b）网络资源深度—技术资源广度组合与新产品开发风险之间的关系（β = − 0.063，p > 0.100），没有得到支持。

表 5.4　　　　　　　网络与技术资源组合对新产品开发绩效的作用

变量	NPDMP				NPDR			
	模型 1	模型 2	模型 3	模型 4	模型 5	模型 6	模型 7	模型 8
控制变量								
ES	0.097	0.070	0.050	0.040	− 0.137[+]	− 0.091	− 0.078	− 0.073
EA	− 0.189[*]	− 0.196[*]	− 0.196[**]	− 0.201[**]	0.130[+]	0.119[+]	0.118[+]	0.123[+]
ID	0.125	0.062	0.030	− 0.042	− 0.154[+]	− 0.085	− 0.063	− 0.016
自变量								
NRB − TRD		0.341[*]	0.229[*]	0.074[*]		− 0.346[*]	− 0.269[*]	− 0.062[*]
NRB − TRB		− 0.364[**]	− 0.273[*]	− 0.216[*]		0.345[*]	0.282[*]	0.209[*]
NRD − TRD		− 0.299[*]	− 0.195[*]	− 0.190[*]		0.311[+]	0.239[+]	0.137[*]
NRD − TRB		0.365[**]	0.268[*]	0.277[*]		− 0.360[*]	− 0.293[*]	− 0.265[*]
调节变量								
PD			0.288[**]	− 0.219[*]			− 0.197[**]	0.165[*]
乘积项								
NRB − TRD × PD				0.112				− 0.111[*]
NRB − TRB × PD				− 0.094[*]				0.083[*]
NRD − TRD × PD				− 0.063				0.078
NRD − TRB × PD				0.064				− 0.063
F 值	2.174[**]	5.496[**]	6.954[**]	7.049[**]	2.538[**]	7.810[**]	8.193[**]	8.488[**]
R^2	0.045	0.222	0.293	0.358	0.052	0.288	0.328	0.375
调整后 R^2	0.024	0.181	0.251	0.299	0.031	0.251	0.288	0.317
R^2 变化值		0.177	0.071	0.065		0.236	0.040	0.047

注：+ 表示 p < 0.100，* 表示 p < 0.050，** 表示 p < 0.010。

　　本研究绘制了图5.1、图5.2、图5.3，以更直观地体现产品多元化所起的调节效应。从图5.1可看出，不论产品多元化程度是高还是低，网络资源广度—技术资源深度组合与新产品开发风险均为负相关；多元化程度高时直线斜率比多元化程度低时大，这说明产品多元化程度越高，网络资源广度—技术资源深度组合对新产品开发风险减小作用越大。从图5.2可看出，不论产品多元化程度是高还是低，网络资源广度—技术资源广度组合与新产品开发市场绩效均为负相关；多元化程度高时直线斜率比多元化程度低时大，这说明产品多元化程度越高，网络资源广度—技术资源广度组合对新产品开发市场绩效减小作用越大。从图5.3可看出，不论产品多元化程度是高还是低，网络资源广度—技术资源广度组合与新产品开发风险均为正相关；多元化程度高时直线斜率比多元化程度低时大，这说明产品多元化程度越高，网络资源广度—技术资源广度组合对新产品开发风险增大作用越大。

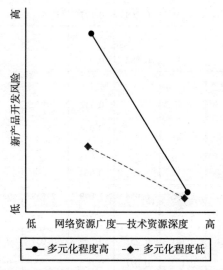

图5.1　产品多元化对网络广度—技术深度与开发风险关系的调节

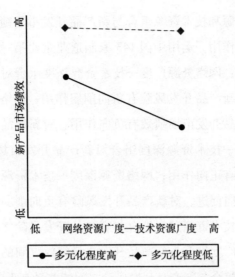

图 5.2　产品多元化对网络广度—技术广度与市场绩效关系的调节

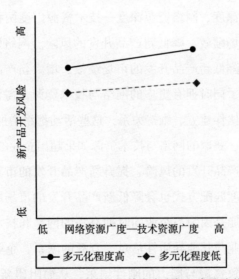

图 5.3　产品多元化对网络广度—技术广度与开发风险关系的调节

　　本研究深入研究了企业新产品开发中不同程度的网络资源与技术资源组合对新产品开发市场绩效与新产品开发风险的作用机理，并进一步揭示了产品多元化对网络资源和技术资源组合与新产品开发市场绩效、新产品开发风险之间关系的调节作用。运用中国 143 家制造业企业第一手调研数据进行实证研究，结果发现：网络资源广度—技术资源深度组合对新产品开发市场绩效有正向促进、对新产品开发风险有负向削弱作用；网络资源广度—技术资源广度组合对新产品开发市场绩效有负向作用、对新产品开发风险有正向作用；网络资源深度—技术资源深度组合对新产品开发市场绩效有负向作用、对新产品开发风险有正向作用；网络资源深度—技术资源广度组合对新产品开发市场绩效有正向促进、对新产品开发风险有负向削弱作用；产品多元化对网络资源广度—技术资源深度组合与新产品开发风险之间的关系、网络资源广度—技术资源广度组合与新产品开发市场绩效之间的关系、网络资源广度—技术资源广度组合与新产品开发风险之间的关系有正向调节效应。

本研究表明，企业新产品开发网络资源与技术资源匹配关系中，网络资源广度—技术资源深度、网络资源深度—技术资源广度两种匹配方式能够促进新产品开发的市场绩效、降低新产品开发的风险。网络资源广度—技术资源广度匹配方式会降低新产品开发的市场绩效、增大新产品开发的风险；这可能是因为企业为了同时拥有更广的网络与技术资源，需冒更大风险、花费更多精力和时间与伙伴建立、维持关系，这些活动都将增加企业的额外成本；同时，广泛地搜索、获取的网络与技术资源如果超出企业的认知极限与能力，都将不利于降低新产品开发的风险、提升新产品开发的市场绩效。网络资源深度—技术资源深度匹配方式也会降低新产品开发的市场绩效、增大新产品开发的风险；这可能是因为当企业同时拥有深的网络和技术资源时，过于紧密的关系将限制企业与其他异质性信息、资源的联系，企业也会过于依赖自身精深的资源，导致资源与能力的刚性约束，从而阻碍新产品开发的成功。此外，产品多元化正向调节网络资源广度—技术资源深度组合与新产品开发风险之间的关系，即当产品多元化程度提高时，网络资源广度—技术资源深度组合对新产品开发风险的削弱作用越大，这表明当网络资源与技术资源较好的匹配时，多元化战略能更好地帮助企业减小、规避风险。产品多元化正向调节网络资源广度—技术资源广度组合与新产品开发市场绩效、新产品开发风险之间的关系，即当产品多元化程度提高时，网络资源广度—技术资源广度组合对新产品开发绩效的阻碍作用越大、对新产品开发风险增大作用越大；这是因为当企业同时拥有广的网络与技术资源时，多元化战略会增加企业沟通、协调的成本，而且如果企业缺乏核心能力而推行产品多元化，则多元化战略将进一步分散企业的经营重点、削弱企业的核心竞争力，这将导致更低的新产品开发市场绩效、更大的新产品开发风险。

5.4 本 章 小 结

本章在前两章研究基础上，结合资源基础理论与社会网络理论，将企业新产品开发中网络资源、技术资源分解为广度与深度，构建了不同广度与深度的网络资源和技术资源组合模式，运用 143 家中国制造业企业实地调研数据，深入研究了开放式创新中企业新产品开发不同程度网络资源与技术资源组合对新产品开发市场绩效与风险的作用机理，并进一步探究了产品多元化对网络资源和技术资源组合与新产品开发市场绩效、新产品开发风险之间关系的调节效应。研究结果表明：网络资源广度—技术资源深度组合对新产品开发市场绩效有正向促进、对新产品开发风险有负向削弱作用；网络资源广度—技术资源广度组合对新产品开发市场绩效有负向作用、对新产品开发风险有正向作用；网络资源深度—技术资源深度组合对新产品开发市场绩效有负向作用、对新产品开发风险有正向作用；网络资源深度—技术资源广度组合对新产品开发市场绩效有正向促进、对新产品开发风险有负向削弱作用；产品多元化正向调节网络资源广度—技术资源深度组合与新产品开发风险之间的关系、网络资源广度—技术资源广度组合与新产品开发市场绩效之间的关系、网络资源广度—技术资源广度组合与新产品开发风险之间的关系。

本研究对于企业新产品开发管理实践具有重要的启示与价值。首先，管理者应当考虑通过网络资源、技术资源在深度与广度上的相互匹配来克服新产品开发过程中的资源约束、能力刚性等问题。通过网络资源广度—技术资源深度或者网络资源深度—技术资源广度的匹配模式，有效平衡与协调两种资源的配置：当拥有较广的网络资源时，企业应注重自身核心技术资源深度的积累；当拥有较深的网络资源时，企业应拓宽对技术资源掌握的广度，由此来促进网络、技术资源在深度与广度上不同程度的整合，从而获得降低成本和协同创新的优势、提高新产品开发成功的概率。其次，企业应该谨慎地对待产品多元化，避免掉入产品多元化的陷阱。产品多元化不一定是企业的最优选择，当企业同时具备较广的网络资源与技术资源时，由于存在较高的协调成本以及对核心能力的负面影响等，多元化并不有利于企业分散风险、提高绩效；多元化需要多样化的资源以及精深的能力，当企业拥有较广的网络资源并具备较深的技术资源时，实施产品多元化能够增强两种资源的协同与互补，从而有效帮助企业应对新产品开发过程中的不确定性，提升企业的竞争优势。

第6章　知识资源互补性、吸收
效率与新产品开发绩效

随着人类社会进入"知识时代",知识已被视为能给企业带来持续竞争优势的战略资源。正如德鲁克所言"真正支配性的资源、绝对决定性的生产要素,既不是资本、土地,也不是劳动力,而是知识"(Drucker,1993)[218]。作为开放式创新模式中战略联盟的一种主要形式,国际合资企业一直是企业进行跨国经营、获取互补性知识资源的重要途径。以知识资源互补性为基础构建的国际合资企业能够产生资源协同效应,而知识吸收效率作为企业的一种能力,在综合运用互补性知识资源促进新产品开发过程中发挥着关键性作用,此外,组织结构与文化在其中也有着重要的影响。因此,本章在前三章研究基础上,基于资源基础理论与知识管理理论,深入研究国际合资企业知识资源互补性、知识吸收效率对新产品开发绩效的作用机理,并进一步探究组织结构部门化和组织学习文化对知识资源互补性与知识吸收效率之间关系所起的调节作用,运用在中国的国际合资企业实地调研二元数据,揭示知识资源互补性、吸收效率与新产品开发绩效之间的关系。

6.1 引　　言

伴随科技日新月异的发展,产品生命周期迅速缩短,创新成本迅猛增长,这无疑增大了单纯依靠内部力量研发进行创新的难度(Narula & Hagedoorn,1999)[219]。过去二十几年,企业与市场变得更加全球互联,国际合资企业(international joint ventures,IJVs)数量急剧增加(Glaister et al.,2003)[220]。虽然企业建立国际合资企业的原因多种多样,但最重要的动机之一是为了获取新的市场知识、创造新知识,以提升新产品开发的绩效(Narula & Hagedoorn,1999;Inkpen & Dinur,1998;Si & Bruton,1999;Sinha & Cusumano,1991)[219,221-223]。

从资源基础理论视角看,企业建立国际合资企业是为了在其缺乏相对竞争优势的领域获得互补性资源与知识(Lambe et al.,2002;Narula & Hagedoorn，1999；Kwon，2008)[219,224-225]。已有研究表明，互补性知识资源能为国际合资企业中当地与外国伙伴创造潜在机会，提供与产品设计、概念以及开发相关的新想法，打破研发中固有的规则与程序（Das & Teng，2000；Fang & Zou，2009)[226-227]。当企业以资源优势互补为基础来构建国际合资企业时，往往能产生协同效应（Berdrow & Lane，2003；Stafford，1994)[228-229]，这意味着，知识资源互补性对新产品开发绩效能产生更好地促进。然而，现有关于国际合资企业新产品开发绩效的研究大多假设知识资源互补性与新产品开发绩效之间存在直接联系，忽视了知识吸收效率在实现知识资源互补性协同中所起的中介作用。

由此，本研究提出知识吸收效率的概念，认为知识吸收效率是国际合资企业组织、共享现有知识，收集、吸收各合作伙伴互补性知识，共同产生新知识的能力。此外，本研究认为知识吸收效率是知识资源互补性与新产品开发绩效之间关键的中介变量。同时，由于国际合资企业在转换、整合与利用外部新知识能力的不同（Cohen & Levinthal，1990；Tsai，2001；Park，2011)[73,211,230]，本研究认为国际合资企业的文化（如学习文化）与结构（如部门化）能够促进知识吸收效率的提升（Grant，1996；Kwon，2008)[61,224]。但在现有文献中，很少有实证研究探讨组织结构与文化对知识资源互补性与新产品开发绩效关系的调节作用。因此，本研究将进一步探究国际合资企业学习文化与组织结构部门化对知识资源互补性与知识吸收效率之间关系的调节效应。

实证研究的对象来自中国 119 家国际合资企业。选择以中国作为研究背景原因在于：首先，中国已成为全球最大的外国直接投资（foreign direct investment，FDI）国家，并且主要是通过国际合资企业的形式来吸收投资（Fang & Zou，2009)[227]，因此，在中国的国际合资企业的迅速成长成为一个值得密切关注的经济现象。其次，大多数外国企业与本土企业建立国际合资企业是为了获得彼此互补的知识资源（Luo，2000)[231]，具体而言，本土企业主要是为了获取国外合作伙伴的研发知识与工程管理知识，外国企业对当地合作伙伴的兴趣在于其管理当地市场客户及经销商关系的相关知识。

6.2　知识资源互补性、吸收效率与
新产品开发绩效理论模型构建

组织间学习是企业建立国际合资企业的重要原因之一（Lane et al.，2001）[232]。国际合资企业能为企业提供战略机会以获得企业内部缺乏的互补性资源。因此，企业可以通过国际合资企业组织学习机制来获得、管理与创造新知识（Inkpen & Dinur，1998）[221]。此外，国际合资企业知识获取、创造过程能够通过特定的适应机制发挥作用，例如，组织学习能力及目标一致性，或管理、培训与技术援助等结构机制（Lyles & Salk，1996）[233]。这些组织学习与结构机制，能增强国际合资企业利用互补性知识资源、技能及其他有价值资源的能力。

事实上，知识资源互补性已被认为是国际合资企业组织间知识协同的主要原因（Zahra & George，2002；Berdrow & Lane，2003）[144,228]。国际合资企业合作伙伴必须具备足够的知识互补基础，包括对相关技能、技术的理解，能有效沟通、克服组织间学习的认知障碍等（Li et al.，2010）[234]。当国际合资企业通过获取、利用外部知识资源以增强每个伙伴的竞争优势时，能够产生协同效应（Anh et al.，2006）[235]。因此，多家企业可能加入同一个国际合资企业，并相互学习互补性知识。根据基姆和芬克尔斯坦（Kim & Finkelstein，2009）[236]的研究，知识资源互补性存在于国际合资企业中，当每个伙伴企业带来独特的知识资源时，这些知识资源能够被整合并创造新的价值。因此，知识资源互补性被定义为在新产品开发中知识与技能的低度冗余，通过整合这些互补性知识资源能为学习及价值创造带来巨大潜力。也就是说，知识资源互补性强调了战略合作伙伴之间知识的差异性（Kim & Finkelstein，2009；Luo，2005a）[236-237]。

实现知识资源互补性的作用在于国际合资企业"成功地管理知识的差异性"（Kim & Finkelstein，2009）[236]，即知识吸收效率。本研究将知识吸收效率定义为国际合资企业的一种能力倾向，即以组织和共享现有知识，收集并吸收各合作伙伴互补性知识，共同产生新知识的能力（Gold et al.，2001；Tanriverdi，2005）[238-239]。当知识在跨国组织（如国际合资企业）间传递，发展企业层面的能力促使知识被吸收显得尤为重要（Zhao & Anand，2009）[240]。国际合资企业的知识吸收效率通过独特的共同学习程序及流程发挥作用，进而有利于合作伙伴之间的协同（Fang & Zou，2010）[241]。

由此，本研究认为知识吸收效率主要由三个相互关联的组织过程构成，对于有效管理企业内部知识协同十分关键。第一，知识传递，是指每个企业识别并获取外部知识的能力，对于国际合资企业新产品开发绩效至关重要（Park，2011）[230]；第二，知识整合，体现为每个企业整合现有知识、进行知识传递的能力（Anh et al.，2006）[235]；第三，知识利用，体现为综合知识、转化为实际绩效的潜力（Lane et al.，2001）[232]。知识吸收效率的三个过程紧密联系、相互支持，促使国际合资企业产生并保持企业间知识的协同。

6.2.1 知识资源互补性与知识吸收效率关系分析

知识资源互补性能够有效帮助国际合资企业建立并巩固知识吸收效率。当知识资源互补性高时，国际合资企业合作伙伴能够更好地整合对方知识资源，从而创造新的知识与技能（Kogut & Zander，1992）[242]。知识资源互补性为国际合资企业合作伙伴提供了互相学习、触发新思路、增强知识转移的机会（Cohen & Levinthal，1990；Hitt et al.，2000）[73,243]。相反，如果知识资源相似性大，国际合资企业合作伙伴相互学习的机会将比较有限，不利于知识转移（Ahuja & Katila，2001）[186]，此外，新的想法与见解也难以产生，知识的冗余将产生自我强化模式。国际合资企业的知识资源应保持足够的多样化，促使每个合作伙伴协同、整合并创造新的知识（Cohen & Levinthal，1990）[73]。因此，国际合资企业知识资源多样性与互补的广度显著正向影响其知识吸收效率（Zahra & George，2002；Powell，1996）[144,244]。

换句话说，知识资源互补性可以通过整合协同知识，提高了知识吸收效率。知识资源互补性的协同有利于促进新知识的产生，比冗余性知识产生更有价值的见解（Beamish & Banks，1987）[245]。因此，在新产品开发活动中知识资源互补性将使国际合资企业合作伙伴更为有效地运用知识，创造出比冗余性知识资源更高的绩效（Dyer & Singh，1998）[75]。通过具有知识资源互补性合作伙伴之间的相互学习，能够让每个企业建立并发展知识吸收效率（Zahra & George，2002）[144]。据此，提出如下假设：

H1：国际合资企业知识资源互补性对知识吸收效率有正向促进。

6.2.2　组织结构部门化与学习文化的调节效应

知识资源互补性对知识吸收效率有积极的作用，并受到国际合资企业的组织结构与文化的调节（Lane & Lubatkin，1998；Zhao & Anand，2009）[74,240]。有效的知识吸收依赖于组织的结构与文化，以转移技术及管理技能（Buckley，2006）[246]。国际合资企业必须具备吸收能力（Cohen & Levinthal，1990）[73]以利用知识资源的互补性。企业转移、整合及利用外部新知识的能力各不相同（Cohen & Levinthal，1990；Tsai，2001）[73,211]。吸收能力构建了一个企业的知识处理系统，成为企业学习其他组织新知识能力的关键因素（Van den Bosch et al.，1999）[76]。具体来说，格兰特认为存在两类影响吸收能力的因素，即组织文化与组织结构（Grant，1996）[61]。本研究中将侧重于研究国际合资企业组织结构的部门化以及组织的学习文化（Fang & Zou，2009）[227]。

适当的组织结构对于建立国际合资企业特有的吸收能力非常重要，因为组织结构是组织进行知识处理活动的决定性因素（Van den Bosch et al.，

1999)[76]。部门化是指组织活动被隔离及部门内部条块分割的程度。部门化强调团队之间的差异，并建立"地域"的观念（Child，1973）[247]。各职能部门任务的专业化将导致员工缺乏整体决策权，因为过于专业化部门的员工从事被分配的特定任务时，将缺乏从国际合资企业整体目标出发运用知识互补性获得协同效应的动机，这一点在当其业绩以部门任务作为评价标准时尤为明显。

此外，部门化往往迫使企业运营模块分割、观点狭隘，这将损害国际合资企业的本土与外国企业间的组织学习。这种狭隘的观点限制了每个企业从其他企业学习的范围与灵活性，从而产生组织惯性并阻碍知识的吸收效率（Van den Bosch et al.，1999）[76]。相对而言，组织通过发展多样化知识资源、跨职能知识资源、互补性知识资源，能够提升知识吸收效率（Cohen & Levinthal，1990）[73]。此外，国际合资企业组织结构应是灵活、开放的，以利于知识吸收效率（Zhao & Anand，2009）[240]。然而，由于知识专业化刚性，组织结构条块分割限制，不同知识资源可能不利于知识吸收效率。据此，提出如下假设：

H2：国际合资企业组织结构部门化负向调节知识资源互补性与知识吸收效率之间的关系。

组织学习被视为组织与其环境互动的学习过程与行为（Kandemir & Hult，2005）[248]。从行为角度看，加文（Garvin，1993）[249]指出："学习型组织是善于创造、获取、传递知识的组织，能不断调整其行为以反映新的知识与见解"。国际合资企业浓厚的学习文化将鼓励伙伴企业进行适应性学习与创造型学习，合作伙伴有意愿突破学习边界，对其使命、客户、能力或战略有长期预期。组织学习文化鼓励员工打破阻碍战略联盟知识创造的陈规以及根深蒂固信念与范式（Simonin，2004）[250]，避免了"核心刚性"对知识吸收效率不利影响（Leonard – Barton，1992）[187]，帮助组织建立"看待世界的新方式"（Slater & Narver，1995）[251]，并促进外部知识整合以通过知识资源互补性产生协同效应。通过这种方式，国际合资企业既提高了企业相对吸收能力又提升了其学习不同知识的能力（Powell，1996）[244]。

学习文化能够发展出共同的规范与互补性知识（Slater & Narver，1995；Hanvanich et al.，2005）[251-252]。迈耶（Meyer，1982）[253]认为，适应性学习涉及理解新的组织规范。基于这种观点，如果国际合资企业建立了强大的学习文化，则能适应新的组织规范并发展出新的知识与见解，对企业能力及行为产生潜在影响（如知识吸收效率）。国际合资企业的合作程序能使企业学习如何通过国际合资企业的合作伙伴传递知识（Powell，1996）[244]，这些伙伴合作学习程序与流程能促进知识创造，而国际合资企业在企业层面的学习，则体现为吸收其他合作伙伴已有知识的活动（Fang & Zou，2010）[241]。因此，共同的规范与解释可以解决由不同知识资源产生的管理与协调的复杂性，从而保证战略的有效执行。

此外，学习文化能使合作伙伴了解组织中存在哪些有价值和互补的专业知识与资源，以及如何在需要时获得这些资源（Cohen & Levinthal，1990；Huber，1991）[73,254]，这些信息与资源可通过直接经验、合作伙伴经验或组织记忆来获得（Zahra & George，2002）[144]。具备类似知识处理系统的国际合资企业的合作伙伴，由于拥有相对吸收能力，因而具有更强的相互学习的能力（Lane & Lubatkin，1998）[74]。国际合资企业学习文化能促进合作伙伴通过努力，有效结合互补性知识资源。因此，学习文化能使国际合资企业合作伙伴利用由资源互补创造的学习机会，增强知识资源互补性对吸收效率的积极作用。据此，提出如下假设：

H3：国际合资企业学习文化正向调节知识资源互补性与知识吸收效率之间的关系。

6.2.3　知识吸收效率与新产品开发关系分析

国际合资企业可以通过内化并适应合作伙伴的技术与能力，提高新产品开发的绩效（Porter，1986）[255]。本研究认为，国际合资企业通过自身的知识吸收效率来实现这一目标。国际合资企业通过组织学习及合作来实现合作伙伴之间的知识转移、产生新知识，并应用到新产品开发中（Ireland et al.，2002）[256]。如果缺乏知识吸收效率，合作伙伴将无法学习或互相转移知识。

知识吸收效率的建立是一个投入与知识积累的漫长过程。国际合资企业知识吸收效率越高，将更有可能认识到新理念的价值，运用合作伙伴新知识，促进产品创新与进入市场的速度（Fang & Zou，2009）[227]。特别是，国际合资企业的合作伙伴往往是新思想、新创意的最重要来源（Dyer & Singh，1998；Nielsen & Gudergan，2011）[75,257]。不同的知识资源能帮助合作伙伴进行新产品开发，进一步促进国际合资企业知识的创造（Amabile，1983；Kotabe et al.，2011）[258-259]。因此，基于国际合资企业合作伙伴知识资源互补性的知识吸收效率将提高新产品开发绩效（Tsai，2001）[211]。据此，提出如下假设：

H4：知识吸收效率对新产品开发绩效有正向促进。

6.2.4　知识吸收效率的中介作用

最后，本研究认为，知识吸收效率完全中介于知识资源互补性与新产品开发绩效之间的关系。正如方（Fang，2011）[260]指出，知识资源互补性并不会直接促进新产品开发绩效，尤其是对于简单运用各自少量领域知识、缺乏知识共享与整合的国际合资企业的合作伙伴（Inkpen，1996；Sethi et al.，2001）[261-262]。在此情况下，知识资源互补性仅涉及知识挖掘、细化与延伸现有能力、技术及范式（March，1991）[119]，这将难以促进新产品开发绩效（Leonard - Barton，1992）[187]。

因此，如果缺乏知识吸收效率的作用，国际合资企业可能会产生一个搜索、转移问题。也就是说，国际合资企业难以将知识资源互补性转化为创新成果，最终提升新产品开发绩效（Hansen，1999）[263]。仅拥有知识资源互补性是不够的，国际合资企业需要具备足够的知识吸收效率。据此，提出如下假设：

H5：知识吸收效率中介于知识资源互补性与新产品开发绩效之间的关系。

6.3 基于国际合资企业的实证研究

6.3.1 样本与数据收集

本研究通过对中国国际合资企业本地与外国合作伙伴的高级管理人员进行问卷调查来收集研究数据。本研究最初的样本包括江苏省 250 家制造业国际合资企业，这些国际合资企业主要从事零部件制造。聚焦于这些特定企业主要是因为这些企业的新产品开发及商业化生命周期存在相似性。此外，江苏省的国际合资企业是中国国际合资企业的典型代表，并且在已有研究中被采用过（Fang & Zou，2009）[227]。为了避免自变量与因变量同源性可能导致的潜在偏差，本研究选择从国际合资企业合作双方来收集二元数据。具体来说，对于知识资源互补性、调节变量（如组织结构部门化与学习文化）以及控制变量，本研究从代表国际合资企业一方的首席执行官或总经理收集数据（以下简称"第一调查者"）；对于知识吸收效率与新产品开发绩效，则从参与新产品开发过程的合作伙伴企业的高级管理人员收集数据（以下简称"第二调查者"）。

本研究数据收集过程如下：首先，从江苏省两个工业开发区管理部门获得国际合资企业联系人信息。随后，给这些国际合资企业首席执行官或总经理（第一被调查者）打电话解释研究的目的，并请求其参与，每位被调查者将获得一份汇总研究结果与定制分析报告作为回报。其中，确定有 152 家国际合资企业同意配合参加。然后，深入这些同意参与调研的国际合资企业，亲自向第一被调查者和第二被调查者分发问卷，一周后，再从每位被调查者手中收回。通过这一流程，本研究共收集到 126 份配套的调研问卷。其中，4 份问卷由于存在数据大量缺失，被剔除。最后，本研究对问卷参与者知识水平和参与程度进行了考察。在 7 级李克特量表中，第一被调查者平均知识水平约为 6.1，平均参与程度约为 6.2；第二被调查者平均知识水平约为 6.2，平均参与程度约为 6.1。由于 3 份问卷显示知识水平偏低或参与程度不足，被剔除，最终获得 119 份匹配的问卷进行数据分析。

样本企业的国外合作伙伴主要来自美国、日本、英国、德国和法国等。这些国际合资企业开发的新产品横跨多个制造行业，例如，电子元器件（占 24%）、电脑外部设备（占 22%）、电气设备与零部件（占 16%）、医疗设备及用品（占 12%）、汽车零部件（占 10%）、自动化与工业控制设备（占 7%）及其他（占 9%）。

6.3.2 变量测度

本研究所有变量均采用 7 级李克特量表进行测度。本研究使用国际合资企业第二被调查者数据来测度新产品开发绩效与知识吸收效率，使用国际合资企业第一被调查者数据来测度知识资源互补性、组织结构部门化与学习文化。

新产品开发绩效（new product development performance，用 NPDP 表示）：根据方和邹（Fang & Zou, 2009）[227]的研究，从新产品销量、新产品市场表现、新产品带来的竞争优势、对财务回报的预期四个维度来测度新产品开发绩效。

知识吸收效率（knowledge absorption effectiveness，用 KAE 表示）：基于科恩和利文索尔（Cohen & Levinthal, 1990）[73]、赵和阿南德（Zhao & Anand, 2009）[240]、莱恩等（Lane et al., 2001）[232]的研究，从国际合资企业在不同合作伙伴之间知识传递、掌握互相知识、整合不同合作伙伴知识、发展共同理解不同合作伙伴知识、利用综合知识进行新产品开发、配置综合知识并将其转入新产品开发六个维度来测度知识吸收效率。

知识资源互补性（knowledge complementarity，用 KC 表示）：依据方和邹（Fang & Zou，2010）[241]的研究，本研究要求被调查者指出国外与本土伙伴在不同领域对国际合资企业知识所做贡献的互补或重叠程度，从与客户和供应商建立特权关系、收集与联盟运营相关的市场知识、控制与分销渠道关系、分析客户需求、研究与开发、工业设计、工程管理、信息技术八个维度来测度知识资源互补性。

部门化（departmentalization，用 D 表示）：根据贾沃斯基和科利（Jaworski & Kohli，1993）[264]的研究，从不同部门员工对各部门目标相互和谐的感受、保护各部门地盘态度、跨部门冲突、不同部门员工间非正式沟通机会四个维度来测度组织结构部门化。

学习文化（learning culture，用 LC 表示）：基于圣克鲁里等（Sinkula et al.，1997）[265]的研究，从高层管理人员均认为学习能力是保持竞争优势的关键、国际合资企业的基本价值包括将学习作为改善的关键、员工学习是一种投资而不是成本支出、学习被视为确保组织生存所的关键因素四个维度来测度组织学习文化。

控制变量：除了上述主要变量以外，本研究选取国际合资企业规模（IJV size，用 IJVS 表示）、国际合资企业年龄（IJV age，用 IJVA 表示）、市场动态（market dynamism，用 MD 表示）以及文化距离（cultural distance，用 CD 表示）作为控制变量。用国际合资企业员工数量来衡量国际合资企业规模；用国际合资企业成立年限来衡量国际合资企业年龄；根据米勒（Miller，1987）[157]的研究，从顾客偏好改变的速度、对市场需求和消费者喜好预测的难易程度、国际合资企业本土与外国竞争者的行为预测、国际合资企业的竞争改变速度、对未来五年内技术变化趋势预测的难易五个维度来衡量市场动态；基于罗（Luo，2005b）[266]的研究，运用科格特和辛格综合指数（Kogut & Singh，1988）[267]，从权力距离、不确定性规避、个人主义、阳刚之气以及长期导向五个层面来衡量文化距离。

本研究运用 AMOS 17.0 分别对第一被调查者样本、第二被调查者样本进行验证性因子分析。两个模型均显示出较满意的拟合指数，其中，第一被调查者样本拟合指标：chi-square = 38.089，p < 0.01，CFI = 0.984，NFI = 0.970，IFI = 0.962，RMSEA = 0.031；第二被调查者样本拟合指标：chi-square = 15.06，p < 0.01，CFI = 0.987，NFI = 0.973，IFI = 0.969，RMSEA = 0.021。运用 SPSS 17.0 对样本进行信度分析，结果如表 6.1 和表 6.2 所示，可以发现：量表题项因子荷载均为正，α 系数在 0.01 显著水平下都大于 0.7，这说明潜变量测度具备较好的内部一致性，有较高的信度。本研究基于已有文献成果、企业实地调研以及专家评价提出各变量及其相应量表，具有较好的内容效度。此外，潜变量 AVE 都大于 0.5，表明各变量有较好的收敛效度。所有 AVE 的平方根均大于潜变量间的相关系数，且都大于 0.5，表明量表有较好的区别效度。运用 SPSS 17.0 对样本数据进行描述性统计分析及相关性分析，结果如表 6.3 所示。

表 6.1　　　　　　　　　量表题项与信度分析结果（第一被调查者）

构面与题项		因子荷载	α 系数
部门化	国际合资企业不同部门的员工能感到各部门目标的相互和谐	0.85	0.82
	国际合资企业内保护各部门地盘被认为是一种生存方式	0.89	
	国际合资企业内有很少或没有跨部门冲突	0.82	
	国际合资企业不同部门的员工之间有大量非正式沟通的机会	0.72	
学习文化	国际合资企业高层管理人员均认为学习能力是保持竞争优势的关键	0.89	0.76
	国际合资企业的基本价值包括将学习作为改善的关键	0.82	
	员工学习是一种投资而不是成本支出	0.72	
	学习被视为确保组织生存所必需的关键因素	0.76	

续表

构面与题项		因子荷载	α 系数
	在以下方面与国际合资企业合作伙伴的知识资源相比（重叠－互补）		
知识资源互补性	与客户和供应商建立特权关系	0.76	
	收集与联盟运营相关的市场知识	0.75	
	控制与分销渠道关系	0.80	
	分析客户需求	0.71	0.90
	研究与开发	0.73	
	工业设计	0.76	
	工程管理	0.74	
	信息技术	0.85	
市场动态	顾客偏好一直在迅速地改变	0.89	
	市场需求和消费者喜好变得难以预测	0.90	
	国际合资企业本土与外国竞争者的行为难以预测	0.80	0.83
	国际合资企业的竞争改变非常迅速	0.84	
	很难预测未来五年内技术变化趋势	0.81	

表 6.2　　　　　　　　量表题项与信度分析结果（第二被调查者）

构面与题项		因子荷载	α 系数
知识吸收效率	国际合资企业能在不同合作伙伴之间有效传递知识	0.83	
	国际合资企业合作伙伴能有效掌握互相的知识	0.86	
	国际合资企业能够有效整合不同合作伙伴的知识	0.80	
	国际合资企业已发展出共同理解不同合作伙伴的知识	0.79	0.86
	国际合资企业能够有效利用综合知识进行新产品开发	0.76	
	国际合资企业能够有效配置综合知识并将其转入新产品开发活动	0.91	

续表

构面与题项		因子荷载	α 系数
新产品 开发绩效	新产品的销量非常好	0.76	0.77
	新产品市场表现很好	0.89	
	新产品给合资企业带来了很大的竞争优势	0.82	
	新产品的财务回报超出预期	0.89	

表 6.3   **变量描述性统计与 Pearson 相关性**

变量	均值	标准差	1	2	3	4	5	6	7	8	9
1. D	3.99	1.30	1								
2. LC	3.88	1.31	0.17	1							
3. KC	4.95	1.23	-0.09	0.08	1						
4. KAE	4.26	1.13	-0.16	0.28	0.32	1					
5. NPDP	4.66	1.09	-0.12	0.23	0.24	0.46	1				
6. IJVS	2.45	0.25	0.02	0.06	-0.08	-0.02	0.14	1			
7. IJVA	6.05	2.85	-0.06	0.03	0.09	0.19	0.10	0.19	1		
8. CD	5.20	1.23	0.05	-0.08	0.17	0.09	-0.07	0.10	0.09	1	
9. MD	4.59	1.12	0.06	0.10	0.13	-0.19	-0.20	0.06	0.04	0.07	1

6.3.3 研究结果与分析

本研究以知识吸收效率、新产品开发绩效作为因变量，运用 SPSS 17.0 软件进行分层回归来检验提出的假设。为了检验是否存在多重共线性的潜在问题（Aiken & West，1991）[268]，本研究对模型进行了共线性诊断，方差膨胀因子（variance inflation factor，VIF）为 1.09、2.21，这表明不存在严重的多重共线性问题。分层回归分析结果如表 6.4 和表 6.5 所示。H1：国际合资企业知识资源互补性对知识吸收效率（β = 0.24，p < 0.05）有正向促进，得到支持。H2：国际合资企业组织结构部门化负向调节（β = -0.21，p < 0.05）知识资源互补性与知识吸收效率之间的关系，得到验证。H3：国际合资企业学习文

化正向调节（β=0.29，p<0.01）知识资源互补性与知识吸收效率之间的关系，得到支持。H4：知识吸收效率对新产品开发绩效（β=0.39，p<0.01）有正向促进，得到验证。此外，本研究测试了知识吸收效率在知识资源互补性与新产品开发绩效之间的中介作用。知识资源互补性对新产品开发绩效有直接显著正向的作用（β=0.21，p<0.05）；当加入知识吸收效率变量时，知识资源互补性对新产品开发绩效的作用变得并不显著（β=0.15，p>0.10），但是知识吸收效率对新产品开发绩效的作用仍显著（β=0.30，p<0.01）。这一结果为 H5 提供了支持，即知识吸收效率中介于知识资源互补性与新产品开发绩效之间的关系。

表 6.4　　　　　　　　　　知识资源互补性对知识吸收效率的作用

变量	KAE			
	模型 1	模型 2	模型 3	模型 4
自变量				
主要作用				
KC		0.28 **	0.26 **	0.24 *
D			−0.09	−0.06
LC			0.05	0.12
调节变量				
KC×D				−0.21 *
KC×LC				0.29 **
控制变量				
MD	−0.19 *	−0.20 *	−0.18 *	−0.20 *
IJVS	0.02	0.03	0.03	0.05
IJVA	0.03	0.03	0.01	0.00
CD	−0.06	−0.05	−0.04	−0.02
R^2	0.07	0.16	0.17	0.26
Adj R^2	0.05	0.14	0.14	0.23

　　注：* 表示 p<0.05，** 表示 p<0.01。

表 6.5　　　　　　　　　　　知识吸收效率对新产品开发绩效的作用

变量	NPDP		
	模型 5	模型 6	模型 7
自变量			
主要作用			
KAE	0.39**		0.30**
KC		0.21*	0.15
控制变量			
MD	-0.19*	-0.20*	-0.14
IJVS	0.11	0.09	0.07
IJVA	0.09	0.08	0.07
CD	0.03	0.02	0.03
R^2	0.19	0.17	0.23
Adj R^2	0.16	0.14	0.21

注：* 表示 $p < 0.05$，** 表示 $p < 0.01$。

　　为了进一步检验知识吸收效率的中介效应，根据蒂宾斯和苏荷（Tippins & Sohi，2003）[269] 的研究，本研究运用结构方程模型来进行检验。表 6.6 给出了中介分析结果。模型 8（直接模型）测试了知识资源互补性与新产品开发绩效之间的直接关系，模型 9（中介模型）测试了知识吸收效率的中介作用。对比这两个模型可以发现，首先，中介模型比直接模型（0.26 vs. 0.19）更多地解释了新产品开发绩效的变化；其次，虽然在直接模型中知识资源互补性与新产品开发绩效（β = 0.23，$p < 0.01$）之间存在显著关系，但在中介模型中这种关系（β = 0.03，$p > 0.10$）变得并不显著；最后，在中介模型中知识吸收效率对新产品开发绩效（β = 0.33，$p < 0.01$）有显著的作用。这些结果进一步验证了知识吸收效率在知识资源互补性与新产品开发绩效之间的中介作用。

表 6.6   调节效应的结构方程模型分析

	NPDP	
	模型 8 （不含知识吸收效率的直接作用）	模型 9 （包含知识吸收效率的间接作用）
自变量		
主要作用		
KC	0.23 **	0.03
KAE		0.33 **
控制变量		
MD	−0.19 *	−0.20 *
IJVS	0.11	0.09
IJVA	0.09	0.08
CD	0.03	0.02
R^2	0.19	0.26

注：* 表示 $p < 0.05$，** 表示 $p < 0.01$。

本研究深入分析了国际合资企业知识资源互补性、知识吸收效率对新产品开发绩效的作用机理，并进一步探究了国际合资企业组织结构部门化与学习文化对知识资源互补性与知识吸收效率之间关系所起的调节作用。运用中国 119 家国际合资企业第一手调研的二元数据进行实证研究，结果发现：国际合资企业知识资源互补性对知识吸收效率有显著的正向作用，国际合资企业组织结构部门化负向调节知识资源互补性与知识吸收效率之间的关系，国际合资企业组织文化正向调节知识资源互补性与知识吸收效率之间的关系，国际合资企业知识吸收效率对新产品开发绩效有积极正向促进，并在知识资源互补性与新产品开发绩效之间起着完全中介的作用。

本研究表明，知识吸收效率是国际合资企业组织与共享现有知识资源、收集与吸收各合作伙伴互补性知识资源、共同创造新知识的能力，并完全中介于国际合资企业知识资源互补性与新产品开发绩效之间的关系。这意味着，国际合资企业互补性的知识资源必须转化成为知识吸收效率，才能够提升新产品开发的绩效。也就是说，企业不能简单地通过建立拥有互补性知识资源的国际合资企业，以期获得新产品开发的成功。事实上，关键是在于企业必须培养国际合资企业的知识吸收效率，以充分地利用互补的知识资源，从而实现新产品开发绩效的提升。此外，国际合资企业适当的组织文化与组织结构能够促进其建立更高的知识吸收效率，进一步促进知识资源互补性对新产品开发绩效的积极作用。国际合资企业学习文化，能够促进伙伴企业间知识共享，并增强知识资源互补性对知识吸收效率的作用。国际合资企业组织结构部门化将削弱知识资源互补性对知识吸收效率的作用，这说明组织结构高度的部门化将降低国际合资企业员工在各个职能部门的联系，对知识的有效转移、整合与利用产生阻碍。

6.4 本章小结

本章在前三章的研究基础上，基于资源基础理论与知识管理理论，建立了开放式创新中以知识吸收效率为中介变量、组织结构部门化与学习文化为调节变量的知识资源互补性作用新产品开发绩效机理模型。运用中国 119 家国际合资企业第一手调研的二元数据进行实证，研究结果发现：国际合资企业知识资源互补性对知识吸收效率有显著正向作用，知识吸收效率对新产品开发绩效有显著正向作用，组织结构部门化负向调节知识资源互补性与知识吸收效率之间的关系，组织学习文化正向调节知识资源互补性与知识吸收效率之间的关系，知识吸收效率对新产品开发绩效有正向促进并在知识资源互补性与新产品开发绩效之间起着完全中介的作用。

本研究对于国际合资企业利用知识资源互补性促进新产品开发实践具有重要的管理启示与价值。

首先，企业在建立国际合资企业时不仅要寻求存在知识资源互补性的潜在合作伙伴，而且应具备必要的能力（知识吸收效率），使得伙伴企业能够有效地利用互补性的知识资源，通过新产品开发形成协同效应。传统的观点认为，与具有知识资源互补性的伙伴建立国际合资企业是一种理想选择，但实际情况更为复杂：知识资源互补性只是提升新产品开发绩效的一个必要条件，为了充分发挥知识资源互补性的效用，必须将其转换成为知识吸收效率。换而言之，如果国际合资企业不能有效转移、整合与利用合作伙伴所拥有的互补的知识资源，知识资源互补性将不能直接促进新产品开发绩效的提升。

其次，为了构建并促进知识吸收效率，国际合资企业管理者需要密切关注组织的文化与结构。一方面，管理者应努力培育组织的学习文化，这将有利于合作伙伴间的沟通与融合，并进一步将互补的知识资源转入知识吸收效率。例如，国际合资企业的高管应将员工学习作为一项投资，而不是成本支出，促使互补的知识资源在组织间转移与传递。此外，整个组织的员工应建立共同的文化价值，将相互学习视为确保组织生存的一种重要能力。因此，国际合资企业管理者应招募与发展一批具备这种能力的关键员工，使之成为组织间合作的桥梁，以识别有价值的知识资源，促进团队成员之间有效的沟通、知识传递与共享。另一方面，管理人员应努力打破组织结构的部门化，因为这将极不利于知识吸收效率。具体来说，国际合资企业组织结构应使各部门员工感受到不同部门目标的彼此和谐。例如，企业高管应劝阻员工个人的任务分工，鼓励员工为了国际合资企业的共同目标一起工作；企业高管应避免出现各部门地盘保护主义，建立一种有利于组织间合作的组织架构，促使员工有效利用国际合资企业的知识吸收效率与知识资源互补性，以形成合力。

第7章 嵌入创新能力的知识资源作用新产品开发绩效机理

作为一种基于互联网技术的开放式创新模式，"众包"（crowdsourcing）能够运用大众知识与智慧，实现集思广益、价值共创，已被广泛应用于新产品开发领域。新产品开发涉及知识的获取、共享、应用及转化（Nonaka & Konno, 1998）[270]，在此过程中企业需要具备与之匹配的创新能力，并适时、合理地实施多元化战略。因此，本章在前一章基础上，深入研究开放式创新中知识资源、创新能力对新产品开发绩效的作用机理，并进一步探究产品多元化对知识资源与新产品开发绩效之间关系、创新能力与新产品开发绩效之间关系所起的调节效应，运用文本数据挖掘技术采集典型众包平台在线数据进行实证，揭示知识资源广度与深度、创新能力作用新产品开发绩效的内在路径。

7.1 引　言

产品创新是一国产业发展的重要特征，是驱动企业不断发展的核心力量，同时也一直是学术界的一个十分重要的研究领域（Huang et al., 2014）[271]，如何有效提高新产品开发绩效则是各国政府与企业孜孜以求的目标之一。事实上，创新的核心在于知识的创造与应用（Nonaka et al., 2003）[272]，以知识为基础的无形资产基本决定了企业产品的价值，知识已经成为企业生存与发展的战略性资源（Quinn, 1992）[273]。然而，在我国经济与世界经济融合程度越来越高的今天，同时，又处在全球产品创新活动日新月异，开放式创新模式不断涌现的背景下，知识资源与创新能力发生了显著变化，越来越多的知识位于组织外部（Chesbrough, 2003b）[7]，而且，这种外部知识日渐成为许多组织知识资源的重要组成部分，而仅仅依赖于组织内部知识资源与创新能力是无法适应快速多变时代复杂产品创新要求的，因此，许多企业都在构建各种复杂的知识、技术网络，以期利用分散在组织外部的知识与能力来促进新产品开发绩效（Dhanaraj & Parkhe, 2006）[274]。作为一种基于互联网技术的开放式创新模式，"众包"（Howe, 2006）[275] 能够运用错综复杂的网络，集聚大量异质、创新性的大众智慧（Surowiecki, 2004）[276]，实现集思广益、价值共创，在产品与服务创新等领域凸显出巨大的潜力（杰夫·豪，2009）[277]。

"众包"的商业价值已被实业界密切关注并积极践行（Leimeister et al., 2009）[278]，尤其是在新产品开发领域（Afuah & Tucci, 2012）[279]，例如，戴尔的 IdeaStorm 社区、亚马逊的土耳其机器人、星巴克的我的星巴克创意等。新产品开发属于知识密集型活动，其本质是对知识的获取、共享、应用及转化（Nonaka & Konno, 1998）[270]。基于众包的新产品开发活动中，发包方通过发布任务和需求，获取外部知识；接包方通过知识创造与运用，解决任务和问题；众包平台通过连接发包方与接包方，实现知识和价值的转移。众包在新产品开发中的应用显著降低了知识搜索的成本（Afuah & Tucci, 2012）[279]，拓展了知识获取的广度、深度与速度（Perry-Smith & Shalley, 2003）[280]，能够挖掘到几乎无限的知识与技能（Jeppesen & Lakhani, 2010）[281]，极大地缩短了新产品开发的周期（Brabham, 2008）[282]。

针对"众包"这类新的理论与实际问题，国内外学者从不同角度进行了一些研究，例如，对于众包概念、类型及特征的描述（Surowiecki, 2004；Afuah & Tucci, 2012；Palacios et al., 2016；Simula & Ahola, 2014；Poetz & Schreier, 2012；Piller & Walcher, 2006；Colombo, 2013）[276,279,283-287]，参与者行为、动机、影响因素及互动分析（Liu et al., 2014；Martinez, 2015；Boons et al., 2015；Kosonen et al., 2014；Chandler & Kapelner, 2013；Bonaccorsi & Rossi, 2003；Bayus, 2013；孟韬等, 2014）[288-295]，众包任务设计、社区管理（Karger et al., 2014；庞建刚, 2015；郝琳娜等, 2014）[296-298]，众包模式应用（Leimeister et al., 2009；Brabham, 2008；Simula & Ahola, 2014；Chiu et al., 2014；Budescu & Chen, 2014；Daly & Nataraajan, 2015）[278,282,284,299-301] 等。从已有文献来看，学者们大多关注于对众包问题的描述与理论的归纳，相关的定量分析和实证研究比较有限，研究的角度也多

集中于从发包方、众包平台展开，从接包方视角进行的研究尚不多见。"众包"作为一个较新的领域，还有大量的理论与方法有待深入研究，例如，众包模式下，接包方知识资源的不同维度对其新产品开发绩效有怎样的作用？接包方创新能力在其中是否具有重要的中介作用？接包方产品多元化战略能否起到一定的调节作用？这些都是众包模式下接包方进行知识资源管理、促进新产品开发绩效亟须解决的关键科学问题。

基于此，本研究立足于接包方视角，从广度与深度划分接包方知识资源维度，建立嵌入创新能力的接包方知识资源对新产品开发绩效的作用机理模型，并进一步探究接包方产品多元化在其中所起的调节作用，运用文本数据挖掘技术采集我国典型众包平台猪八戒网 295 家接包方数据进行实证研究，以期深入揭示接包方知识资源作用新产品开发绩效的内在路径。本研究将为众包模式下接包方新产品开发活动提供理论指导与决策支持，对于促进接包方知识资源管理、提升新产品开发绩效、丰富众包领域相关理论和方法研究具有重要的意义与价值。

7.2 嵌入创新能力的知识资源对
新产品开发绩效作用机理分析

豪（Howe，2006）[275]最早提出"众包"的概念，他将"众包"定义为：公司或机构将由员工执行的工作任务，以自由自愿的形式外包给非特定大众的做法。众包是一个"企业在线发布问题—大众提供解决方案—赢者获取报酬"的过程，体现为一种在线、分布式问题解决模式与生产模式，其知识成果归企业所有（Brabham，2008）[282]。企业通过众包网络，聚集外界众多离散资源，这些资源可能是个体（如科学家或工程师），也可能是团队（如开源软件研发团队），众包参与者的主要动机是为了共同利益（Bonaccorsi & Rossi，2003）[293]、获得他人认可、学会新技能，此外，经济回报也是一个重要原因（Brabham，2008）[282]。基于互联网技术，众包能够很好地运用参与者的集体智慧解决企业难题，获得新的解答方案，从而促进新产品的研发（Ebner et al.，2009）[302]。

众包社区（crowdsourcing community）是众包的主要组织模式，是众包参与者共同进行价值创造的有效平台。众包最初出现在开源软件（open source software，OSS），开源社区连接了成千上万不同背景的全球大众，让他们共同参与到软件项目的开发，通过开源社区研发的软件具有很强的创新性（Hippel & Krogh，2003）[303]。在众包社区，企业能够与其他参与者一起提升产品的价值，例如，领先用户或普通用户都可以在产品设计、测试以及售后服务等方面做出贡献（Magnusson，2009）[304]。众包社区参与者之间的互动能够提高信息的共享与协调，从而促进产品价值的提升（Fang et al.，2008）[305]。企业通过与参与者的密切沟通，使其融入新产品开发过程的各个阶段，例如，产品创意、概念设计、原型开发等（Nambisan & Sawhney，2011）[306]。

知识资源在新产品开发活动中发挥着关键性作用，对于生产效率以及产品质量有着积极的影响（Prescott & Visscher，1980）[307]，是组织获得持续竞争优势的基础与源泉（Nonaka，1994）[59]。新产品开发意味着对产品进行创新，创新是对知识资源的重新整合与创造（Kogut & Zander，1992）[242]，创新的结果依赖于知识资源的积累（Fiol，1996）[308]。新产品开发过程中知识的创新、流动与共享，能够缩短新产品开发周期，提高新产品开发绩效、提升组织的创新能力（Hoegl & Schulze，2005）[18]。

7.2.1　知识资源广度的作用效应分析

新产品开发是一个知识创造、获取、分享和利用的过程（Damanpour，1991）[309]。众包模式下的新产品开发活动中，知识资源对于接包方而言至关重要，直接决定了其新产品的竞争力与价值。接包方知识资源可以从广度与深度两个维度进行分解（Luca & Atuahene – Gima，2007）[310]。知识资源广度是指接包方在不同领域所拥有知识的多样性。知识资源越广，越能促进新知识的获取与吸收（Zahra & George，2002）[77]，越有利于整合不同领域的知识，尤其是在复杂技术背景下（Pisano，1994）[311]。随着知识资源广度的增加，接包方能够更有效地搜索其所在网络，评估各种不同的知识，有选择性地进行吸收（Zhou & Li，2012）[312]，并将多样化的知识资源融入新产品开发过程中，以更快的速度、更高的质量开发出更多能被发包方认可与采纳的新产品，从而获得更高的财务回报。此外，创新能力作为组织实施创新活动的综合性能力，也受到知识资源的重要作用，如技术与市场知识作为资源能够显著提升组织的创新能力（Wiklund & Shepherd，2003）[313]。随着知识资源广度的增大，接包方思路将更加开阔，更能激发其创新思维、释放创新潜能、产生更多创意，对技术与市场的预测和把握也将更为准确，从而在资源获取、配置、运用上体现出更强的创新能力。据此，提出如下假设：

H1：接包方知识资源广度正向促进其新产品（ⅰ）质量，（ⅱ）数量，（ⅲ）开发速度，（ⅳ）财务回报。

H2：接包方知识资源广度正向促进其创新能力。

7.2.2 知识资源深度的作用效应分析

知识资源深度是指接包方在特定领域所拥有知识的深入程度。知识的深度对于吸收能力有重要促进（Zahra & George，2002）[77]。在特定领域深的知识资源，有助于接包方吸收各种知识，并将知识有效地转入产品开发（Zhou & Li，2012）[312]。知识资源越深，越能够促进接包方综合运用外部多样化的知识与内部特定领域深的知识，有效结合现有知识与获得的新知识（Zahra & George，2002）[77]，产生更多新的见解，更合理地分配精力与时间以进行更多的新产品开发（McEvily & Chakravarthy，2002）[314]，更快地完成更高质量的任务。此外，接包方创新能力体现为一系列技能与知识体系组合，随着知识资源深度的增加，接包方获取、更新知识与技能的能力也将增强，从而具备更强的创新能力（Luca & Atuahene‑Gima，2007）[310]。据此，提出如下假设：

H3：接包方知识资源深度正向促进其新产品（ⅰ）质量，（ⅱ）数量，（ⅲ）开发速度，（ⅳ）财务回报。

H4：接包方知识资源深度正向促进其创新能力。

7.2.3　创新能力的中介作用

创新能力作为一种独特的能力，对于组织资源获取与绩效都有着重要的作用（Ahuja & Katila，2004）[315]。接包方创新能力构建是一个长期知识积累的过程，也是其重新整合内外部知识，进行再创新的过程。接包方通过发挥创新能力，识别获取的外部新知识的价值，并与已有知识进行融合、转化与应用（Beneito，2006）[316]，通过不断尝试以及提升能力等方式，能够快速地推出更多、更高品质的新产品、增加新产品的财务回报。随着知识资源广度的扩展或知识资源深度的加大，接包方的创新能力能够得到进一步发展，从而更高效地创造出更多更有价值新产品、提升新产品开发绩效。据此，提出如下假设：

H5a：接包方创新能力正向促进其新产品（ⅰ）质量，（ⅱ）数量，（ⅲ）开发速度，（ⅳ）财务回报。

H5b：接包方创新能力在知识资源广度与其新产品开发绩效（（ⅰ）质量，（ⅱ）数量，（ⅲ）开发速度，（ⅳ）财务回报）关系中起中介作用。

H5c：接包方创新能力在知识资源深度与其新产品开发绩效（（ⅰ）质量，（ⅱ）数量，（ⅲ）开发速度，（ⅳ）财务回报）关系中起中介作用。

7.2.4　产品多元化的调节效应

产品多元化能够实现"范围经济"，提高资源的使用效率，对组织绩效产生了积极的影响（Chan et al.，1989）[217]，被广泛地应用于各个领域。众包模式下，产品多元化作为资源配置的一种方式，取决于接包方拥有的资源与能力。接包方实施产品多元化战略能够促使其进一步拓展知识资源广度、挖掘知识资源深度，优化知识资源的配置，调节和促进知识资源的协同、互补与创新，进而提升其新产品开发的绩效。据此，提出如下假设：

H6a：接包方产品多元化正向调节知识资源广度与其新产品开发绩效（（ⅰ）质量，（ⅱ）数量，（ⅲ）开发速度，（ⅳ）财务回报）之间的关系。

H6b：接包方产品多元化正向调节知识资源深度与其新产品开发绩效（（ⅰ）质量，（ⅱ）数量，（ⅲ）开发速度，（ⅳ）财务回报）之间的关系。

H6c：接包方产品多元化正向调节创新能力与其新产品开发绩效（（ⅰ）质量，（ⅱ）数量，（ⅲ）开发速度，（ⅳ）财务回报）之间的关系。

7.3　基于典型众包平台的实证研究

7.3.1　样本选择与数据挖掘

本研究以我国典型众包平台——猪八戒网为数据来源。猪八戒网成立于2006年，交易品类涵盖品牌设计、软件开发、网站建设、文案策划等众多领域，交易方式包括"悬赏""招标""速配""中介"等多种模式，从我国众包网站发展来看，猪八戒网一直处于领先位置。通过查询专业发布网站世界排名的 Alexa 排名网，整理我国主要众包网站全球综合排名情况如表 7.1 所示。

表 7.1　　　　　　　　　　我国主要众包网站全球综合排名

网站名称	首页网址	全球排名
猪八戒	www. zbj. com	6288
一品威客	www. epwk. com	41724
时间财富	www. 680. com	86160
威客中国	www. vikecn. com	141138
任务中国	www. taskcn. com	176830
智城	taskcity. com	274398
任务易	www. renwuyi. com	276161
创意平台	www. k68. cn	757800

资料来源：Alexa 排名网，www. alexa. com 查询整理（2016 年 3 月 21 日）。

　　针对研究问题，本研究从猪八戒网最重要的服务类目之一——"品牌设计"的"服务商库"中采集接包方相关信息与数据作为研究样本，运用开源爬虫软件并结合编写 JAVA 程序在网站内抓取接包方档案信息与交易记录。截至 2015 年 10 月 15 日，品牌设计服务商库中提供了共计 2759 家接包方相关信息，涉及 LOGO 设计、VI 设计、宣传品设计、广告设计、包装设计、PPT 制作等多项业务类型。为了更好地体现接包方开发产品的原创性、接包方档案信息的真实性并有效衡量新产品开发绩效，本研究按照如下条件对接包方进行筛选：第一，接包方对开发的新产品提供"保证原创"保障；第二，接包方通过"企业或个人"的认证模式；第三，接包方成交记录来自目前主流的"悬赏"交易模式；第四，接包方在近三个月内至少有 1 个新产品被发包方采纳。由此，确定 532 家接包方为研究样本，并从网站内采集接包方档案资料与交易数据。由于其中部分接包方档案资料不完整，发包方对接包方完成质量、工作速度评价信息不全，中标交易数据缺失等原因，本研究对这部分接包方数据进行了剔除，最终获得 295 家接包方有效研究数据。样本的数据结构包括接包方工作经历、学习经历、能力等级、知识领域、擅长

技能、完成质量、工作速度、提供产品种类、中标交易记录、近三个月成交
笔数及收入金额等。

7.3.2 变量描述与测度

知识资源广度（knowledge resources breadth，用 KRB 表示）体现为接包
方拥有的知识覆盖不同专业领域的广泛程度。本研究使用赫芬达尔指数
（herfindahl-hirschman index）方法（Wuyts et al.，2004）[317] 来对接包方知识
资源广度进行衡量，具体计算公式如下：

$$KRB = 1 - \sum_i B_i^2 \qquad (7.1)$$

$$B_i = \frac{L_i}{\sum_i L_i} \qquad (7.2)$$

其中，B_i 表示接包方在第 i 类专业知识领域收入占总体收入的比例，L_i 表示
接包方在第 i 类专业知识领域的收入。当接包方成交收入仅来自单一知识领
域时，其知识资源广度等于 0；当接包方成交收入均匀分布在各个知识领域
时，其知识资源广度接近于 1。

知识资源深度（knowledge resources depth，用 KRD 表示）体现为接包方
拥有的知识在特定专业领域的深入程度。本研究使用接包方在其最擅长知识
领域所获得的新产品开发收入占其总体收入的比例来对接包方知识资源深度
进行测度。

创新能力（innovation capacity，用 IC 表示）体现为接包方进行新产品创
新活动的一种综合能力。猪八戒网提供了一个可以衡量接包方综合创新能力
的级别体系，接包方的能力级别从"猪一戒"到"猪三十二戒"共 32 个等
级，数值越高表示接包方综合创新能力越强。本研究使用接包方自身能力等
级与最高能力等级的比值来对接包方创新能力进行测度。

基于贝斯（Bayus，1997）[318] 的研究，从新产品质量（new product quality，

用 NPQLY 表示)、新产品数量(new product quantity,用 NPQTY 表示)、新产品开发速度(new product development speed,用 NPDS 表示)、新产品财务回报(new product financial performance,用 NPFP 表示)四个维度来衡量接包方新产品开发绩效。其中,新产品质量采用发包方对接包方新产品开发完成质量的评分进行测度;新产品数量采用接包方近三个月中标的新产品开发数量进行测度;新产品开发速度采用发包方对接包方开发新产品工作速度的评分进行测度;新产品财务回报采用接包方近三个月新产品开发收入金额进行测度。

产品多元化(product diversification,用 PD 表示)体现为接包方开发的新产品隶属于不同的类型与范围。本研究使用档案资料中接包方能够提供的产品种类数来对产品多元化战略进行测度。

除了上述主要变量以外,本研究选取接包方工作经历(work experience,用 WE 表示)与学习经历(learning experience,用 LE 表示)作为控制变量。使用档案资料中工作经历起始时间所体现的行业工作年限来对接包方工作经历进行测度;使用档案资料中对学习经历描述中的学历水平来对接包方学习经历进行测度。

各变量的具体描述与说明如表 7.2 所示。

表 7.2   变量描述与说明

变量	描述	说明
KRB	知识资源广度	接包方知识覆盖不同领域的广泛程度
KRD	知识资源深度	接包方知识在特定领域的深入程度
IC	创新能力	接包方进行产品创新的综合能力
PD	产品多元化	接包方提供产品的种类数
WE	工作经历	接包方行业工作年限(单位:年)
LE	学习经历	接包方学历(高中/中专以下为 1,高中/中专为 2,大专为 3,本科为 4,硕士为 5,博士为 6)

续表

变量	描述	说明
NPQLY	新产品质量	发包方对接包方新产品开发完成质量的评分
NPQTY	新产品数量	接包方近三个月中标的新产品数量
NPDS	新产品开发速度	发包方对接包方开发新产品工作速度的评分
NPFP	新产品财务回报	接包方近三个月新产品开发收入金额（单位：万元）

7.3.3　实证分析结果

本研究对采集的接包方数据进行描述性统计分析与相关性检验，具体结果如表7.3和表7.4所示。从表7.3可以发现，KRB、KRD、IC均未超过0.5，这说明接包方知识资源广度、知识资源深度、创新能力水平整体不高；PD、WE、LE、NPQTY、NPFP的最大值与最小值差距均较大，这说明接包方在这些方面体现出较大的异质性；NPQLY、NPDS的均值与最大值比较接近且方差较小，这说明发包方对采纳的接包方新产品开发评价总体比较满意。从表7.4可以看出，创新能力与新产品数量以及财务回报之间存在较高的相关性。

表7.3　　　　　　　　变量描述性统计（N=295）

变量	均值	中值	标准差	最小值	最大值
KRB	0.346	0.314	0.256	0.000	0.850
KRD	0.441	0.416	0.233	0.130	1.000
IC	0.355	0.313	0.133	0.160	1.000
PD	2.875	2.000	1.919	1.000	11.000
WE	7.641	7.000	3.387	2.000	19.000
LE	3.325	4.000	1.035	1.000	6.000
NPQLY	4.892	4.930	0.116	4.000	5.000

续表

变量	均值	中值	标准差	最小值	最大值
NPQTY	84.183	42.000	138.424	1.000	1061.000
NPDS	4.914	4.940	0.098	4.410	5.000
NPFP	8.020	3.067	18.131	0.490	205.330

表 7.4 变量 Pearson 相关性

变量	1	2	3	4	5	6	7	8	9	10
1. KRB	1									
2. KRD	0.268 **	1								
3. IC	0.217 **	0.206 **	1							
4. PD	0.307 **	0.113 *	0.232 **	1						
5. WE	0.141 *	0.116 *	0.165 *	0.102	1					
6. LE	0.177 *	0.183 *	−0.060	0.089	0.150 *	1				
7. NPQLY	0.094	0.109 *	0.085	0.100	0.120 *	0.169 *	1			
8. NPQTY	0.201 **	0.103	0.655 **	0.239 **	0.125 *	0.112 *	−0.100	1		
9. NPDS	0.160 *	0.092	0.118 *	0.095	0.135 *	0.155 *	0.179 *	0.038	1	
10. NPFP	0.282 **	−0.101	0.716 **	0.256 **	0.154 *	0.091	0.046	0.277 **	0.062	1

注：* 表示 $p < 0.050$，** 表示 $p < 0.010$。

为了避免潜在的多重共线性及自相关问题，本研究以对数线性模型为基础，运用多元层次回归分析方法对模型进行检验，将控制变量、自变量、中介变量、调节变量依次进入模型。由于知识资源广度（KRB）、知识资源深度（KRD）、创新能力（IC）在计算过程中已经进行了 0～1 区间标准化处理，因此以线性形式进入模型（Liu Y, 2006）[319]。运用 SPSS 17.0 进行层次回归分析，以检验提出的假设，具体结果如表 7.5 所示。从表 7.5 可以看出，接包方知识资源广度对其新产品数量（$\beta = 0.150$，$p < 0.050$）、开发速度（$\beta = 0.107$，$p < 0.050$）、财务回报（$\beta = 0.218$，$p < 0.010$）有显著的正向作

表7.5　知识资源、创新能力对新产品开发绩效的作用

变量	IC		ln(NPQLY)					ln(NPQTY)			ln(NPDS)					ln(NPFP)		
	模型1	模型2	模型3	模型4	模型5	模型6	模型7	模型8	模型9	模型10	模型11	模型12	模型13	模型14	模型15	模型16	模型17	模型18
KRB		0.210**		0.065	0.061	0.056		0.150*	0.132*	0.161*		0.107*	0.105*	0.100*		0.218**	0.174**	0.204**
KRD		0.116*		0.102*	0.093*	0.090*		0.085	0.069	-0.055		0.078	0.073	0.066		-0.075	-0.077	-0.078
ln(PD)		0.138*		0.033	0.057	0.052		0.136*	0.134*	0.119*		0.065	0.071	0.062		0.153*	0.117*	0.192**
IC					0.073	0.071			0.663**	0.739**			0.092*	0.087*			0.734**	0.774**
KRB×ln(PD)						-0.030				0.166*				-0.040				0.148*
KRD×ln(PD)						-0.046				0.036				-0.039				0.019
IC×ln(PD)						-0.013				0.099*				-0.011				0.201*
ln(WE)	0.101**	0.080*	0.083*	0.090*	0.095*	0.092*	0.119*	0.088*	0.044	0.042	0.089*	0.081*	0.078*	0.080*	0.138*	0.126*	0.074	0.076
ln(LE)	-0.014	-0.029	0.120*	0.116*	0.121*	0.111*	0.094*	0.097*	0.105*	0.114*	0.118*	0.120**	0.114*	0.107*	0.620*	0.103*	0.085*	0.031
F值	3.302**	4.593**	2.934**	3.995**	3.634**	3.952**	3.315**	6.758**	7.983**	7.627**	4.477**	4.634**	3.882**	2.933**	4.417**	5.511**	7.371**	6.163**
R²	0.059	0.271	0.039	0.149	0.152	0.158	0.087	0.155	0.392	0.427	0.042	0.174	0.175	0.185	0.082	0.233	0.685	0.695
调整后 R²	0.053	0.255	0.032	0.133	0.145	0.148	0.082	0.149	0.380	0.409	0.036	0.158	0.156	0.156	0.075	0.219	0.678	0.685
R²变化值		0.212		0.110	0.003	0.006	0.082	0.068	0.237	0.035	0.036	0.032	0.001	0.010	0.075	0.151	0.452	0.010

注：+ 表示 p<0.100，* 表示 p<0.050，** 表示 p<0.010。

用，对新产品质量（$\beta = 0.065$，$p > 0.100$）作用并不显著，H1 部分得到验证。接包方知识资源广度对其创新能力（$\beta = 0.210$，$p < 0.010$）有显著的正向促进，H2 得到支持。接包方知识资源深度正向作用其新产品质量（$\beta = 0.102$，$p < 0.050$），对新产品数量（$\beta = 0.085$，$p > 0.100$）、开发速度（$\beta = 0.078$，$p > 0.100$）、财务回报（$\beta = -0.075$，$p > 0.100$）没有显著作用，H3 部分得到支持。接包方知识资源深度正向促进其创新能力（$\beta = 0.116$，$p < 0.050$），H4 得到验证。接包方创新能力对其新产品数量（$\beta = 0.663$，$p < 0.010$）、开发速度（$\beta = 0.092$，$p < 0.100$）、财务回报（$\beta = 0.734$，$p < 0.010$）有正向作用，对其新产品质量（$\beta = 0.073$，$p > 0.100$）没有显著作用，H5a 部分得到支持。

对于中介效应的检验，由于接包方知识资源广度显著正向作用其新产品数量、开发速度及财务回报，且显著正向作用其创新能力；创新能力显著正向作用其新产品数量、开发速度及财务回报；模型9、模型13、模型17 中体现出在加入创新能力变量后，知识资源广度对新产品数量（$\beta = 0.132$，$p < 0.050$）、开发速度（$\beta = 0.105$，$p < 0.050$）、财务回报（$\beta = 0.174$，$p < 0.010$）的正向作用仍然显著，但 β 值较模型8、模型12、模型16 均有一定程度的减小，这说明创新能力在知识资源广度与新产品数量、开发速度及财务回报之间起到了部分中介作用，H5b 部分得到验证。其中，接包方知识资源广度对新产品数量、开发速度、财务回报的直接效应分别为 0.132、0.105、0.174，通过创新能力对新产品数量、开发速度、财务回报的间接效应分别为 0.139（0.210×0.663）、0.019（0.210×0.092）、0.154（0.210×0.734）。接包方知识资源深度正向作用其新产品质量，且正向作用其创新能力，但创新能力对其新产品质量（$\beta = 0.073$，$p > 0.100$）作用并不显著，这说明创新能力在知识资源深度与新产品质量之间未起到中介作用，H5c 没有得到验证。

对于调节作用的检验，从模型10 可以看出，当调节变量进入模型后，知识资源广度与产品多元化乘积项系数 $\beta = 0.166$ 且 $p < 0.050$，这说明产品多元化正向调节知识资源广度与新产品数量之间的关系；模型18 中，当

调节变量进入模型后，知识资源广度与产品多元化乘积项系数 $\beta = 0.148$ 且 $p < 0.050$，这说明产品多元化正向调节知识资源广度与财务回报之间的关系；H6a 部分得到验证。在模型 6 中，当调节变量进入模型后，知识资源深度与产品多元化乘积项系数 $\beta = -0.046$ 且 $p > 0.100$，这说明产品多元化对知识资源深度与新产品质量之间关系的调节作用并不显著，H6b 没有得到支持。在模型 10 中，当调节变量进入模型后，创新能力与产品多元化乘积项系数 $\beta = 0.099$ 且 $p < 0.100$，这说明产品多元化正向调节创新能力与新产品数量之间的关系；模型 18 中，当调节变量进入模型后，创新能力与产品多元化乘积项系数 $\beta = 0.201$ 且 $p < 0.010$，这说明产品多元化正向调节创新能力与财务回报之间的关系；H6c 部分得到验证。

本研究深入分析了众包模式下接包方知识资源对新产品开发绩效的作用机理，构建了以创新能力为中介变量、产品多元化为调节变量的接包方知识资源与新产品开发绩效关系模型，并运用文本数据挖掘技术采集我国典型众包平台猪八戒网 295 家接包方实际数据进行实证检验。研究结果发现：接包方知识资源广度对其创新能力、新产品数量、开发速度以及财务回报有正向促进；接包方知识资源深度对其创新能力与新产品质量有正向作用；接包方创新能力对其新产品数量、开发速度以及财务回报有正向作用；接包方创新能力部分中介于知识资源广度与新产品数量、开发速度、财务回报之间的关系；接包方产品多元化在知识资源广度与新产品数量、财务回报之间关系，以及创新能力与新产品数量、财务回报之间关系中起正向调节作用。

本研究表明，众包模式下接包方知识资源广度与知识资源深度对其创新能力提升都有着积极的作用。接包方知识资源广度比知识资源深度对新产品开发绩效的贡献更明显：接包方拥有的知识资源广度能够独立地正向促进新产品数量、开发速度与财务回报提升；接包方拥有的知识资源深度能够独立地正向作用新产品的质量。接包方创新能力在知识资源广度与新产品数量、开发速度、财务回报之间起着重要的部分中介作用：知识资源广度通过创新能力对新产品数量作用的间接效应超过了直接效应；知识资源广度通过创新能力对开发速度、财务回报的直接效应超过了间接效应。接包方产品多元化对于知识资源广度、知识资源深度、创新能力与新产品开发绩效之间关系的调节作用存在差异：产品多元化显著正向调节知识资源广度与新产品数量、财务回报之间关系；产品多元化对知识资源深度与新产品质量之间关系的调节作用不明显；产品多元化显著正向调节创新能力与新产品数量、财务回报之间关系。

值得注意的是，接包方知识资源广度、创新能力对新产品质量作用并不显著。这可能是因为，新产品质量在很大程度上依赖于接包方对产品深入的理解与认识、需要接包方精深的知识和技能；过于广泛的知识资源会分散接包方的注意力与精力，加上发包方对提交新产品时间的限制，接包方可能倾向于快速完成任务而忽视了对产品品质的关注。目前，众包主要采用"悬赏"交易模式，在此模式下，所有接包方将开发的新产品都提交给发包方，发包方从中选择其中一个或几个满意的产品，这样容易造成"柠檬市场"（the market for "lemons"），接包方面临市场过度竞争、发包方诚信风险、中标概率低、期望收益少等问题，因此，众包网站注册的接包方虽然多，但真正参与创新的只有小部分，而且动力不足、努力程度不高，这也是造成对新产品质量作用不明显的重要原因。本研究还发现，接包方知识资源深度对新产品数量、开发速度、财务回报作用不显著。这可能是因为，如果接包方的知识集中在非常窄小的特定领域，会造成知识结构的局限与约束，无法很好地理解、吸收外部知识；随着知识资源深度的增大，也可能产生一定的认知锁定，这会降低接包方探索外部知识的动机；在特定领域深的知识，还有可能强化接包方自身新产品开发过程，限制接包方发展新的技能、适应市场变革，从而对新产品开发绩效产生阻碍。

7.4 本章小结

本章在前一章研究基础上，从接包方视角，深入分析了众包模式下知识

资源广度与深度不同维度对新产品绩效的作用机理，构建了嵌入创新能力的
接包方知识资源作用新产品开发绩效机理模型，并探究了接包方产品多元化
在其中所起的调节效应。运用文本数据挖掘技术采集我国典型众包平台猪八
戒网 295 家接包方实际数据进行实证，研究结果发现：接包方知识资源广度
对其创新能力、新产品数量、开发速度以及财务回报有正向促进；接包方知
识资源深度对其创新能力与新产品质量有正向作用；接包方创新能力对其新
产品数量、开发速度以及财务回报有正向作用；接包方创新能力部分中介于
知识资源广度与新产品数量、开发速度、财务回报之间的关系；接包方产品
多元化在知识资源广度与新产品数量、财务回报之间关系，以及创新能力与
新产品数量、财务回报之间关系中起正向调节作用。

　　本研究结论对于众包模式下接包方新产品开发活动具有重要的启示。首
先，接包方应努力保持知识资源在广度与深度上达到一定水平并互为补充。
知识资源广度与深度在很大程度上决定着接包方能力发展、思维空间，并且
能够直接促进新产品开发绩效。接包方需持续的获取、吸收、整合知识资源，
这既可表现为知识资源的横向拓宽，也可表现为知识资源的纵向挖掘。其次，
接包方应重视自身创新能力的提升并适时地实施多元化战略。创新能力是接
包方知识创新的基础，通过增强自身创新能力，提高接包方对知识资源的感
知度与敏锐度，结合知识资源的积累，合理地实施多元化战略，并最终转化
为新产品开发绩效产出。

第8章　结论与展望

8.1　研究结论

本研究围绕开放式创新中企业资源禀赋作用新产品开发绩效机理这一主题，从营销与技术资源、客户与技术资源获取战略、网络与技术资源匹配模式、知识资源互补性与吸收效率、知识资源与创新能力不同层面，系统深入地研究了开放式创新中企业资源及其获取战略、匹配模式与能力构建对新产品开发绩效的作用机理，实现了对现有理论的丰富与拓展。本研究的主要工作与成果如下：

（1）建立了企业开放式创新中营销与技术两类关键资源及其交互效应对新产品开发风险与新产品开发市场绩效的作用机理模型，并聚焦中国情境，运用115家实施开放式创新的中国制造业企业实地调研的第一手数据进行实证研究，深刻揭示出开放式创新中企业营销资源、技术资源与新产品开发风险、新产品开发市场绩效之间复杂的非线性关系：营销资源对新产品开发市场绩效有正向边际递减的作用，但是对新产品开发风险没有显著作用；技术资源对新产品开发风险有负向边际递减的作用、对新产品开发市场绩效有正向边际递减的作用；营销资源与技术资源的交互效应对新产品开发风险有负向边际递减的作用，然而对新产品开发市场绩效没有显著作用。

（2）提出了开放式创新中企业客户资源挖掘—技术资源探索、客户资源探索—技术资源挖掘、客户资源探索—技术资源探索、客户资源挖掘—技术资源挖掘四种资源获取战略；建立了开放式创新中企业客户资源挖掘/探索—技术资源探索/挖掘战略作用新产品开发绩效的机理模型。运用102家实施开放式创新的中国制造业企业调查数据展开实证，明晰了基于开放式创新的企业客户资源挖掘/探索—技术资源探索/挖掘战略作用新产品开发绩效的机理：客户资源挖掘—技术资源探索战略将显著提升新产品开发市场绩效、抑制新产品开发风险；客户资源探索—技术资源探索战略将降低新产品开发市场绩效、增大新产品开发风险；客户资源探索—技术资源挖掘战略对新产品开发市场绩效与新产品开发风险没有明显作用；客户资源挖掘—技术资源挖掘战略对新产品开发市场绩效没有明显作用，但将增大新产品开发风险。

（3）从广度与深度对开放式创新中企业新产品开发网络资源、技术资源进行分解，构建了不同广度与深度的网络资源和技术资源组合模式，深入研究了开放式创新中企业新产品开发不同程度网络资源与技术资源组合对新产品开发市场绩效与新产品开发风险的作用机理，并进一步探究了产品多元化对网络资源和技术资源组合与新产品开发市场绩效、新产品开发风险之间关系的调节效应。运用143家实施开放式创新的中国制造业企业第一手调研数据进行实证，深刻揭示出开放式创新中企业新产品开发网络资源与技术资源的匹配关系：网络资源广度—技术资源深度组合对新产品开发市场绩效有正向促进、对新产品开发风险有负向削弱作用；网络资源广度—技术资源广度组合对新产品开发市场绩效有负向作用、对新产品开发风险有正向作用；网络资源深度—技术资源深度组合对新产品开发市场绩效有负向作用、对新产品开发风险有正向作用；网络资源深度—技术资源广度组合对新产品开发市场绩效有正向促进、对新产品开发风险有负向削弱作用；产品多元化正向调节网络资源广度—技术资源深度组合与新产品开发风险之间的关系、网络资源广度—技术资源广度组合与新产品开发市场绩效之间的关系、网络资源广度—技术资源广度组合与新产品开发风险之间的关系。

（4）针对传统研究中忽视知识吸收效率中介作用的局限，建立了开放式创新中以知识吸收效率为中介变量、组织结构部门化与学习文化为调节变量的知识资源互补性作用新产品开发绩效的机理模型。运用中国119家国际合资企业第一手调研的二元数据进行实证，全面揭示出开放式创新中知识吸收效率在企业知识资源互补性与新产品开发绩效之间的完全中介作用以及组织结构部门化与学习文化所起的调节效应：知识资源互补性对知识吸收效率有显著正向作用；知识吸收效率对新产品开发绩效有显著正向作用；组织结构部门化负向调节知识资源互补性与知识吸收效率之间的关系，组织学习文化正向调节知识资源互补性与知识吸收效率之间的关系；知识吸收效率对新产品开发绩效有正向促进并在知识资源互补性与新产品开发绩效之间起完全中介的作用。

（5）构建了开放式创新中嵌入创新能力的不同程度知识资源对新产品开发绩效的作用机理模型，并进一步探究产品多元化对知识资源与新产品开发绩效之间关系、创新能力与新产品开发绩效之间关系所起的调节作用。运用文本数据挖掘技术采集我国典型众包平台猪八戒网295家接包方实际数据进行实证，深层次揭示开放式创新中以创新能力为中介、产品多元化为调节的知识资源作用新产品开发绩效的内在路径：知识资源广度对其创新能力、新产品数量、开发速度以及财务回报有正向促进；知识资源深度对其创新能力与新产品质量有正向作用；创新能力对其新产品数量、开发速度以及财务回报有正向作用；创新能力部分中介于知识资源广度与新产品数量、开发速度、财务回报之间的关系；产品多元化正向调节知识资源广度与新产品数量、财务回报之间的关系以及创新能力与新产品数量、财务回报之间的关系。

8.2 研 究 启 示

本研究为开放式创新中企业有效获取、匹配资源及构建相应能力、提高新产品开发资源利用效率提供了重要管理启示：

（1）开放式创新中企业新产品开发所需关键性资源对新产品开发绩效的作用存在边际递减的效应，关键性资源并非越多越好，管理者对于过量的资源获取应持谨慎态度。既需要注意保持资源与成本的平衡，充分考虑新产品开发所需关键资源的搜索、交易及合作的成本与风险，避免过度依赖外部资源、减少内部关键性资源的外溢；也需要保持资源与能力的平衡，避免过度依赖现有的资源和能力而产生的路径依赖，努力探索创新思路以有效利用关键性资源。

（2）对于开放式创新中企业新产品开发所需关键性资源的获取，管理者应依据自身资源优势与特点，结合资源的向内挖掘与向外探索两种战略，并使两者达到一种平衡。既着眼于通过向内深入挖掘、升级现有优势资源，以确保现有利润、维持企业当前的生存；又需要着眼于投入足够精力、向外部积极探索劣势资源，以确保未来收益、维持企业未来的生存；从而更有效地获取、利用内外部资源，促进新产品开发的成功。

（3）管理者应通过不同关键性资源在深度与广度上的相互匹配，有效平衡与协调不同资源的配置，以克服开放式创新中企业新产品开发的资源约束、能力刚性等问题。当拥有较广的某种关键性资源时，企业应注重其他关键性资源深度的积累；当拥有较深的某种关键性资源时，企业应拓宽对其他关键性资源掌握的广度；以获得降低成本和协同创新的优势。此外，管理者应谨慎地对待产品多元化。多元化需要多样化的资源以及精深的能力，当不同关键性资源在深度与广度上能有效匹配时，实施产品多元化能够增强不同资源的协同与互补，帮助企业降低风险、提高新产品开发成功的概率。

（4）管理者在寻求合作伙伴以获得互补性知识资源时，应具备必要的能力即知识吸收效率，以使伙伴企业能够充分发挥知识资源互补性的效应，转换成为知识吸收效率，从而促进新产品开发绩效的提升；管理者既需要积极构建组织的学习文化，也需要努力打破组织的部门化结构，以促进合作伙伴间的沟通与融合，从而将互补性知识资源转入知识吸收效率，以提升新产品开发绩效。此外，管理者既应努力保持知识资源在广度与深度上达到一定水平并互为补充，通过横向拓宽或纵向挖掘，持续获取、吸收、整合知识资源；也应通过提升自身创新能力，增强对知识资源的感知度与敏锐度，并在已有知识资源积累基础上适时地实施产品多元化战略，最终转化为新产品开发绩效产出。

8.3　研究展望

本研究全面深刻揭示了开放式创新中企业资源禀赋作用新产品开发绩效的过程与机理，然而，本研究也存在一定的局限，有待未来进一步的研究：

（1）样本的局限。本研究的样本来源于实施开放式创新的中国制造业企业、中国国际合资企业、典型众包平台猪八戒网，虽然这些样本企业资源禀赋是一个重要的研究方面，但并不代表所有开放式创新中的企业以及企业新产品开发活动所涉及的全部资源。未来的研究可以探索、对比不同行业、不同形式开放式创新中企业不同类型资源禀赋、能力及情境变量等因素作用新产品开发绩效的机理。

（2）横截面数据的局限。本研究仅收集了同一时间截面的样本数据对理论模型进行检验，这可能会限制本研究对新产品开发动态过程的理解。开放式创新中企业资源禀赋、能力、环境等变量的数据测度可能未体现出对新产品开发绩效作用的时滞，对于变量之间的关系还需借助纵向时间序列数据进行检验。

（3）本研究主要通过实地访谈与问卷调查方式收集一手数据，或者运用文本数据挖掘方法采集互联网二手数据进行研究，并没有同时结合两种类型的数据进行实证研究。未来的研究可以将一手数据与二手数据相匹配，运用多种方法从不同角度进行实证对比研究，以提供更为细致的研究结果。

附录1　制造业企业调查问卷

尊敬的先生/女士：

您好！我们正在从事制造业企业新产品开发管理相关的研究工作，以期深入揭示其内在规律，为新产品开发管理实践提供理论支持。

请您根据企业的实际情况，回答下面的每一个问题。本问卷采用不记名方式填答，填答结果没有标准答案，所获资料用于整体分析研究。如有兴趣或需要，可告知您的邮箱地址：_____，研究结束后，我们将最终的统计分析结果反馈给您。感谢您的配合与支持，祝您事业成功，一切顺利！

一、以下是对企业及所在行业基本情况的描述，请您根据贵企业及所在行业的情况，在相应的选项上画"√"。

1. 贵企业属于：

A. 国有独资或国有控股企业　　　　B. 私营或集体企业

C. 股份制企业　　　　　　　　　　D. 外商及港澳台投资企业

2. 贵企业所属的制造业类别是：

A. 通信设备　　　　B. 计算机设备　　　　C. 其他电子设备

D. 交通运输设备　　E. 仪器仪表　　　　　F. 文化、办公用机械

G. 电气机械及器材　H. 其他

3. 贵企业所在行业的市场结构属于：

A. 完全垄断（市场供给完全由独家企业控制）

B. 寡头垄断（市场供给由少数企业主导）

C. 垄断竞争（许多企业生产、销售相近但不同质的产品）

D. 完全竞争（不存在足以影响产品价格的企业或消费者）

4. 贵企业在职员工大约有：

A. 100 人以下   B. 101～300 人   C. 301～500 人

D. 501～1000 人   E. 1000～10000 人   F. 10000 人以上

5. 贵企业拥有资产：

A. 1 亿元以下   B. 1 亿～5 亿元   C. 5 亿～10 亿元

D. 10 亿～50 亿元   E. 50 亿元以上

6. 贵企业目前所处发展阶段是：

A. 创立阶段   B. 生存阶段   C. 高速发展阶段

D. 成熟阶段   E. 稳定阶段   F. 衰退阶段

7. 贵企业已成立的年限为：

A. 1 年以下   B. 1～5 年   C. 5～10 年

D. 10～20 年   E. 20～30 年   F. 30 年以上

8. 贵企业所在行业的竞争激烈程度为：

A. 非常激烈   B. 激烈   C. 普通

D. 不激烈   E. 非常不激烈

9. 过去五年本行业销售总额的增长速度：

A. 很快   B. 快   C. 一般

D. 慢   E. 很慢

10. 与最大的竞争对手相比，贵企业的销售额：

A. 小很多   B. 小一些   C. 基本相同

D. 大一些   E. 大很多   F. 难以判断

11. 与最大的竞争对手相比，贵企业的平均运营成本：

A. 小很多   B. 小一些   C. 基本相同

D. 大一些   E. 大很多   F. 难以判断

二、以下是关于在过去五年中，与竞争对手相比，企业在营销和技术方面的相关描述，请根据您对企业的了解来判断下列陈述句与贵企业客观情况的符合程度。"1"表示"非常不同意","7"表示"非常同意"。请在相应的选项上画"√"。

序号	在过去五年中,与竞争对手相比	非常不同意	不同意	比较不同意	中立	较同意	同意	非常同意
1	积累了丰富的市场知识	[1]	[2]	[3]	[4]	[5]	[6]	[7]
2	与客户建立了稳固的关系	[1]	[2]	[3]	[4]	[5]	[6]	[7]
3	与渠道成员建立了稳固的关系	[1]	[2]	[3]	[4]	[5]	[6]	[7]
4	对客户需求进行了深入分析	[1]	[2]	[3]	[4]	[5]	[6]	[7]
5	建立了很深的技术储备	[1]	[2]	[3]	[4]	[5]	[6]	[7]
6	积累了丰富的工程管理知识	[1]	[2]	[3]	[4]	[5]	[6]	[7]
7	掌握了透彻的专业技能	[1]	[2]	[3]	[4]	[5]	[6]	[7]
8	对技术管理有深刻的理解	[1]	[2]	[3]	[4]	[5]	[6]	[7]

三、以下是关于企业新产品开发绩效的相关描述,请您根据企业过去五年的新产品开发的绩效,选择一适当数字来表示您的同意程度。"1"表示"非常不同意","7"表示"非常同意"。请在相应的选项上画"√"。

序号	在过去五年中,与竞争对手相比	非常不同意	不同意	比较不同意	中立	较同意	同意	非常同意
1	新产品开发成本的波动增大了	[1]	[2]	[3]	[4]	[5]	[6]	[7]
2	新产品销售额占总销售额比率的波动增大了	[1]	[2]	[3]	[4]	[5]	[6]	[7]
3	新产品开发速度的变化增大了	[1]	[2]	[3]	[4]	[5]	[6]	[7]
4	新产品失败概率增大了	[1]	[2]	[3]	[4]	[5]	[6]	[7]
5	频繁地向市场推出新产品	[1]	[2]	[3]	[4]	[5]	[6]	[7]
6	新产品产生了更高的财务回报	[1]	[2]	[3]	[4]	[5]	[6]	[7]
7	新产品使企业销售额得到了显著提升	[1]	[2]	[3]	[4]	[5]	[6]	[7]
8	新产品帮助企业获得了较好的市场竞争优势	[1]	[2]	[3]	[4]	[5]	[6]	[7]

四、以下是关于在过去五年中，与竞争对手相比，企业多元化和行业动态的相关描述，请根据您对企业的了解来判断下列陈述句与贵企业客观情况的符合程度。"1"表示"非常不同意"，"7"表示"非常同意"。请在相应的选项上画"√"。

序号	在过去五年中，与竞争对手相比	非常不同意	不同意	比较不同意	中立	较同意	同意	非常同意
1	产品种类很多	[1]	[2]	[3]	[4]	[5]	[6]	[7]
2	产品分散在很多产品门类	[1]	[2]	[3]	[4]	[5]	[6]	[7]
3	产品跨不同行业	[1]	[2]	[3]	[4]	[5]	[6]	[7]
4	顾客偏好一直在迅速地改变	[1]	[2]	[3]	[4]	[5]	[6]	[7]
5	市场需求和消费者喜好变得难以预测	[1]	[2]	[3]	[4]	[5]	[6]	[7]
6	采用的技术正在发生快速的变化	[1]	[2]	[3]	[4]	[5]	[6]	[7]
7	很难预测未来五年有关产品发展的技术变化趋势	[1]	[2]	[3]	[4]	[5]	[6]	[7]

五、以下是关于在过去五年中，与竞争对手相比，企业在客户方面的相关描述，请根据您对企业的了解来判断下列陈述句与贵企业客观情况的符合程度。"1"表示"非常不同意"，"7"表示"非常同意"。请在相应的选项上画"√"。

序号	在过去五年中，与竞争对手相比	非常不同意	不同意	比较不同意	中立	较同意	同意	非常同意
1	根据客户现有需求进行产品创新	[1]	[2]	[3]	[4]	[5]	[6]	[7]
2	积极投资员工技能发展以挖掘现有客户需求	[1]	[2]	[3]	[4]	[5]	[6]	[7]
3	加强了相关知识与技能的培训以提高对现有客户需求的了解	[1]	[2]	[3]	[4]	[5]	[6]	[7]
4	积极搜集了现有客户需求的相关信息	[1]	[2]	[3]	[4]	[5]	[6]	[7]

续表

序号	在过去五年中，与竞争对手相比	非常不同意	不同意	比较不同意	中立	较同意	同意	非常同意
5	根据潜在客户需求进行产品创新	[1]	[2]	[3]	[4]	[5]	[6]	[7]
6	积极投资员工技能发展以探索潜在客户需求	[1]	[2]	[3]	[4]	[5]	[6]	[7]
7	加强了相关知识与技能的培训以提高对潜在客户需求的了解	[1]	[2]	[3]	[4]	[5]	[6]	[7]
8	积极搜集潜在客户需求的相关信息	[1]	[2]	[3]	[4]	[5]	[6]	[7]

六、以下是关于在过去五年中，与竞争对手相比，企业在技术方面的相关描述，请根据您对企业的了解来判断下列陈述句与贵企业客观情况的符合程度。"1"表示"非常不同意"，"7"表示"非常同意"。请在相应的选项上画"√"。

序号	在过去五年中，与竞争对手相比	非常不同意	不同意	比较不同意	中立	较同意	同意	非常同意
1	积极利用现有技术来促进新产品研发	[1]	[2]	[3]	[4]	[5]	[6]	[7]
2	积极增加对现有技术的相关投入	[1]	[2]	[3]	[4]	[5]	[6]	[7]
3	加强了与现有技术相关知识与技能的培训	[1]	[2]	[3]	[4]	[5]	[6]	[7]
4	积极搜集与现有技术相关信息以促进产品开发	[1]	[2]	[3]	[4]	[5]	[6]	[7]
5	积极利用外部新技术来促进新产品研发	[1]	[2]	[3]	[4]	[5]	[6]	[7]
6	积极增加对外部新技术的相关投入	[1]	[2]	[3]	[4]	[5]	[6]	[7]
7	加强了与外部新技术相关知识与技能的培训	[1]	[2]	[3]	[4]	[5]	[6]	[7]
8	积极收集与外部新技术相关信息以促进产品开发	[1]	[2]	[3]	[4]	[5]	[6]	[7]
9	已建立了广泛的技术储备	[1]	[2]	[3]	[4]	[5]	[6]	[7]
10	对于相关新技术已有广泛的了解	[1]	[2]	[3]	[4]	[5]	[6]	[7]

续表

序号	在过去五年中，与竞争对手相比	非常不同意	不同意	比较不同意	中立	较同意	同意	非常同意
11	已积累了有关新产品和服务开发广泛的专业技能	[1]	[2]	[3]	[4]	[5]	[6]	[7]
12	已积累了不同行业工程管理方面的广泛知识	[1]	[2]	[3]	[4]	[5]	[6]	[7]
13	在其相关技术领域建立了很深的技术储备	[1]	[2]	[3]	[4]	[5]	[6]	[7]
14	对于相关技术已积累了深刻的理解	[1]	[2]	[3]	[4]	[5]	[6]	[7]
15	已建立起有关产品和服务开发的透彻的专业技能	[1]	[2]	[3]	[4]	[5]	[6]	[7]
16	对于自身行业的技术管理有很深的理解	[1]	[2]	[3]	[4]	[5]	[6]	[7]

七、以下是关于在过去五年中，与竞争对手相比，企业在关系网络方面的相关描述，请根据您对企业的了解来判断下列陈述句与贵企业客观情况的符合程度。"1"表示"非常不同意"，"7"表示"非常同意"。请在相应的选项上画"√"。

序号	在过去五年中，与竞争对手相比	非常不同意	不同意	比较不同意	中立	较同意	同意	非常同意
1	与行业内参与者（如供应商、分销商）建立了广泛的联系	[1]	[2]	[3]	[4]	[5]	[6]	[7]
2	与行业外参与者（如其他行业的企业）建立了广泛的联系	[1]	[2]	[3]	[4]	[5]	[6]	[7]
3	已与行业内外的参与者建立了广泛的战略联盟	[1]	[2]	[3]	[4]	[5]	[6]	[7]
4	已与行业内外的参与者建立了非正式渠道（如个人关系）的广泛联系	[1]	[2]	[3]	[4]	[5]	[6]	[7]
5	与行业内外的参与者已建立起高度的信任	[1]	[2]	[3]	[4]	[5]	[6]	[7]
6	与行业内外的参与者已建立起稳固的关系	[1]	[2]	[3]	[4]	[5]	[6]	[7]
7	拥有很高的行业声誉	[1]	[2]	[3]	[4]	[5]	[6]	[7]
8	与行业其他参与者建立起很高的利益互惠关系	[1]	[2]	[3]	[4]	[5]	[6]	[7]

八、以下是对问卷回答人基本情况的描述，请您根据自身的情况，在相应的选项上画"√"。

1. 您在企业的职位是：

A. 董事长　　　　B. CEO　　　　C. 其他高管　　　D. 部门负责人

2. 若为部门负责人，您所在的部门是：

A. 研发部　　　　B. 营销部　　　　C. 生产部

D. 财务部　　　　E. 人力资源部

3. 您所受教育程度是：

A. 本科以下　　　B. 本科　　　　C. 硕士　　　　D. 博士

4. 您对企业的情况：

A. 不太熟悉　　　B. 较熟悉　　　C. 熟悉　　　　D. 很熟悉

5. 您对本问卷题目的回答：

A. 不太有把握　　B. 较有把握　　C. 有把握　　　D. 很有把握

九、请描述一下贵企业的主要的客户类型（如区域市场、全国市场等）。

十、请描述一下贵企业的主营业务、副营业务、盈利模式（如成本控制、相对较高的定价）。

十一、企业与竞争对手相比优势在哪里？

十二、贵企业在保持持续盈利能力上做了哪些工作？

问卷到此全部结束，请检查是否有漏答之处！谢谢！

附录 2　国际合资企业调查问卷

第一被调查者

尊敬的先生/女士:

您好! 我们正在从事国际合资企业新产品开发管理相关的研究, 本问卷调查的主要目的是了解中外合资企业知识互补方面的特征以及合资企业新产品开发的绩效情况。

请您根据企业的实际情况, 回答下面的每一个问题。本问卷采用不记名方式填答, 填答结果没有标准答案。我们承诺将对您提供的信息严格保密, 所获资料仅用于学术研究。作为回报, 请告知您的邮箱地址: _____,研究结束后, 我们将为您提供一份研究的综合报告。

感谢您的配合与支持, 祝您事业成功, 一切顺利!

一、以下是对企业及所在行业基本情况的描述, 请您根据贵企业及所在行业的情况, 在相应的选项上画"√"。

1. 贵企业国外合作伙伴主要来源于:

A. 美国　　　　　　B. 英国　　　　　　C. 日本

D. 德国　　　　　　E. 法国　　　　　　F. 其他

2. 贵企业所属的制造业类别是:

A. 电子元器件　　　　　　　B. 医疗设备及用品

C. 电脑外部设备　　　　　　D. 汽车零部件

E. 自动化与工业控制设备　　F. 电气设备与零部件

五、以下是关于在过去五年中，与竞争对手相比，国际合资企业市场动态的相关描述，请您根据所在合资企业的实际情况来判断下列陈述句与贵企业客观情况的符合程度。"1"表示"非常不同意"，"7"表示"非常同意"。

序号	市场的动态	非常不同意	不同意	比较不同意	中立	较同意	同意	非常同意
1	顾客偏好一直在迅速地改变	[1]	[2]	[3]	[4]	[5]	[6]	[7]
2	市场需求和消费者喜好变得难以预测	[1]	[2]	[3]	[4]	[5]	[6]	[7]
3	国际合资企业本土与外国竞争者行为难以预测	[1]	[2]	[3]	[4]	[5]	[6]	[7]
4	国际合资企业的竞争改变非常迅速	[1]	[2]	[3]	[4]	[5]	[6]	[7]
5	很难预测未来五年内技术变化趋势	[1]	[2]	[3]	[4]	[5]	[6]	[7]

六、以下是对问卷回答人基本情况的描述，请您判断下列陈述句与您自身情况的符合程度。"1"表示"非常不同意"，"7"表示"非常同意"。请在相应的选项上画"√"。

序号	问卷回答人基本情况	非常不同意	不同意	比较不同意	中立	较同意	同意	非常同意
1	您知识水平较高	[1]	[2]	[3]	[4]	[5]	[6]	[7]
2	您受教育程度较高	[1]	[2]	[3]	[4]	[5]	[6]	[7]
3	您对企业的情况熟悉	[1]	[2]	[3]	[4]	[5]	[6]	[7]
4	您对本问卷题目的回答有把握	[1]	[2]	[3]	[4]	[5]	[6]	[7]

七、以下是对问卷回答人基本情况的描述，请您根据自身的情况，在相应的选项上画"√"。

1. 您在企业的职位是：

A. 董事长　　　　　B. CEO　　　　　C. 其他高管　　　　D. 部门负责人

2. 若为部门负责人，您所在的部门是：

A. 研发部　　　　　B. 营销部　　　　C. 生产部

D. 财务部　　　　　E. 人力资源部

3. 您所受教育程度是：

A. 本科以下　　　　B. 本科　　　　　C. 硕士　　　　　D. 博士

问卷到此全部结束，请检查是否有漏答之处！谢谢！

第二被调查者

尊敬的先生/女士：

您好！我们正在从事国际合资企业新产品开发管理相关的研究，本问卷调查的主要目的是了解中外合资企业知识互补方面的特征以及合资企业新产品开发的绩效情况。

请您根据企业的实际情况，回答下面的每一个问题。本问卷采用不记名方式填答，填答结果没有标准答案。我们承诺将对您提供的信息严格保密，所获资料仅用于学术研究。作为回报，请告知您的邮箱地址：_____，研究结束后，我们将为您提供一份研究的综合报告。

感谢您的配合与支持，祝您事业成功，一切顺利！

一、以下是关于国际合资企业知识吸收效率的相关描述，请您根据所在合资企业的实际情况来判断下列陈述句与贵企业客观情况的符合程度。"1"表示"非常不同意"，"7"表示"非常同意"。请在相应的选项上画"√"。

序号	知识吸收的效率	非常不同意	不同意	比较不同意	中立	较同意	同意	非常同意
1	国际合资企业能在不同合作伙伴之间有效地传递知识	[1]	[2]	[3]	[4]	[5]	[6]	[7]
2	国际合资企业合作伙伴能有效掌握互相的知识	[1]	[2]	[3]	[4]	[5]	[6]	[7]
3	国际合资企业能有效整合不同合作伙伴的知识	[1]	[2]	[3]	[4]	[5]	[6]	[7]
4	国际合资企业已发展出共同理解不同合作伙伴的知识	[1]	[2]	[3]	[4]	[5]	[6]	[7]
5	国际合资企业能够有效利用综合知识进行新产品开发	[1]	[2]	[3]	[4]	[5]	[6]	[7]
6	国际合资企业能够有效配置综合知识并将其转入新产品开发活动	[1]	[2]	[3]	[4]	[5]	[6]	[7]

二、以下是关于国际合资企业新产品开发绩效的相关描述，请您根据企业过去五年新产品开发的绩效，选择一适当数字来表示您的同意程度。"1"表示"非常不同意"，"7"表示"非常同意"。请在相应的选项上画"√"。

序号	新产品开发的绩效	非常不同意	不同意	比较不同意	中立	较同意	同意	非常同意
1	新产品的销量非常好	[1]	[2]	[3]	[4]	[5]	[6]	[7]
2	新产品市场表现很好	[1]	[2]	[3]	[4]	[5]	[6]	[7]
3	新产品给合资企业带来了很大的竞争优势	[1]	[2]	[3]	[4]	[5]	[6]	[7]
4	新产品的财务回报超出预期	[1]	[2]	[3]	[4]	[5]	[6]	[7]

三、以下是对问卷回答人基本情况的描述，请您判断下列陈述句与您自身情况的符合程度。"1"表示"非常不同意"，"7"表示"非常同意"。请在相应的选项上画"√"。

序号	问卷回答人基本情况	非常不同意	不同意	比较不同意	中立	较同意	同意	非常同意
1	您知识水平较高	[1]	[2]	[3]	[4]	[5]	[6]	[7]
2	您受教育程度较高	[1]	[2]	[3]	[4]	[5]	[6]	[7]
3	您对企业的情况熟悉	[1]	[2]	[3]	[4]	[5]	[6]	[7]
4	您对本问卷题目的回答有把握	[1]	[2]	[3]	[4]	[5]	[6]	[7]

四、以下是对问卷回答人基本情况的描述，请您根据自身的情况，在相应的选项上画"√"。

1. 您在企业的职位是：

A. 董事长　　　　B. CEO　　　　C. 其他高管　　　D. 部门负责人

2. 若为部门负责人，您所在的部门是：

A. 研发部　　　　B. 营销部　　　　C. 生产部

D. 财务部　　　　E. 人力资源部

3. 您所受教育程度是：

A. 本科以下　　　B. 本科　　　　C. 硕士　　　　D. 博士

问卷到此全部结束，请检查是否有漏答之处！谢谢！

参 考 文 献

［1］杰里米·里夫金. 第三次工业革命：新经济模式如何改变世界. 张体伟，孙豫宁，译. 北京：中信出版社，2012.

［2］Cooper L P. A research agenda to reduce risk in new product development through knowledge management：A practitioner perspective. Journal of Engineering and Technology Management, 2003, 20 (1－2)：117－140.

［3］Eisenhardt K M, Martin J A. Dynamic capabilities：What are they? Strategic Management Journal, 2000, 21 (11)：1105－1121.

［4］Song X M, Parry M E. A cross-national comparative study of new product development processes：Japan and the United States. Journal of Marketing, 1997, 61 (2)：1－18.

［5］Chesbrough H. The era of open innovation：The way in which organizations generate ideas and bring them to market. MIT Sloan Management Review, 2003a, 44 (3)：35－41.

［6］Teece D J. Profiting from technological innovation：Implications for integration, collaboration, licensing. Research Policy, 1986, 15 (6)：285－305.

［7］Chesbrough H W. Open innovation：The new imperative for creating and profiting from technology. Boston, MA：Harvard Business School, 2003b.

［8］Kahraman C，Buyukozkan G，Ates N Y. A two phase multi-attribute deci-sion-making approach for new product introduction. Information Sciences，2007，177（7）：1567 – 1582.

［9］Mullins J W，Sutherland D J. New product development in rapidly chan-ging markets：An exploratory study. Journal of Product Innovation Management，1998，15（3）：224 – 236.

［10］刘政方，吴广谋，王旭东．基于 HHM 的新产品开发风险分析．科技管理研究，2009（4）：161 – 163.

［11］朱秀梅，姜洋，杜政委，卢青伟．知识管理过程对新产品开发绩效的影响研究．管理工程学报，2011，25（4）：113 – 122.

［12］Chen H H，Lee A H I，Tong Y. Prioritization and operations NPD mix in a network with strategic partners under uncertainty. Expert Systems with Applica-tions，2007，33（2）：337 – 346.

［13］Calantone R J，Di – Benedetto C A，Schmidt J B. Using the analytic hierarchy process in new product screening. Journal of Product Innovation Manage-ment，1999，16（1）：65 – 76.

［14］陈弘．企业新产品开发风险及其评估模型．系统工程，2006，24（7）：102 – 104.

［15］李亚峰，乐琦，张磊．一种基于模糊推理的新产品开发风险评价方法．管理科学，2010，5：53 – 61.

［16］Montoya – Weiss M M，Calantone R. Determinants of new product per-formance：A review and meta-analysis. Journal of Product Innovation Management，1994，11（5）：397 – 417.

［17］Griffin A，Hauser J R. Integrating R&D and marketing：A review and analysis of the literature. Journal of Product Innovation Management，1996，13（3）：191 – 215.

［18］Hoegl M，Schulze A. How to support knowledge creation in new product development: An investigation of knowledge management methods. European Management Journal, 2005, 23 (3): 263 – 273.

[19] Gerwin D, Barrowman N J. An evaluation of research on integrated product development. Management Science, 2002, 48 (7): 938 – 953.

[20] 方炜, 孙树栋, 郭云涛. 企业新产品研发项目成功标准的系统界定. 中国软科学, 2005 (11): 117 – 123.

[21] 曹洲涛, 彭小丰. 企业创新网络对新产品开发项目绩效的影响: 创新资源的中介作用. 科技管理研究, 2012, 32 (17): 5 – 9.

[22] Penrose E T. The theory of the growth of the firm. New York: Wiley, 1959.

[23] Wernerfelt B. A resource-based view of the firm. Strategic Management Journal, 1984, 5 (2): 171 – 180.

[24] Rumelt R P. Towards a strategic theory of the firm. Englewood Cliffs: Prentice – Hall, 1984.

[25] Barney J. Strategic factor markets: Expectations, luck, and business strategy. Management Science, 1986, 32 (10), 1231 – 1241.

[26] Dierickx I, Cool K. Asset stock accumulation and sustainability of competitive advantage. Management science, 1989, 35 (12): 1504 – 1511.

[27] Barney J. Firm resources and sustained competitive advantage. Journal of Management, 1991, 17 (1): 99 – 120.

[28] Grant R M. The resource-based theory of competitive advantage: Implications for strategy formulation. California Management Review, 1991, 33 (3): 114 – 135.

[29] Schumpeter J A. The theory of economic development: An inquiry into profits, capital, credit, interest, and the business cycle. Cambridge: Harvard University Press, 1934.

[30] Schumpeter J A. Business cycles. Cambridge: Cambridge University

Press, 1939.

[31] Schumpeter J A. Socialism, capitalism and democracy. New York: Harper and Row, 1942.

[32] Mansfield E. Patents and innovation: An empirical study. Management science, 1986, 32 (2): 173 – 181.

[33] Griliches Z. Issues in assessing the contribution of research and development to productivity growth. The Bell Journal of Economics, 1979, 10 (1): 92 – 116.

[34] Rosenberg N. Perspectives on technology. Cambridge: Cambridge University Press, 1976.

[35] Freeman C. Networks of innovators: A synthesis of research issues. Research Policy, 1991, 20 (5): 499 – 514.

[36] Utterback J M, Suarez F F. Innovation, competition, and industry structure. Research Policy, 1993, 22 (1): 1 – 21.

[37] Davis L, North D C. Institutional change and American economic growth: A first step towards a theory of institutional innovation. The Journal of Economic History, 1970, 30: 131 – 149.

[38] Schultz T W. Institutions and the rising economic value of man. American Journal of Agricultural Economics, 1968, 50 (5): 1113 – 1122.

[39] Davis L, North D C. Institutional change and American economic growth. Cambridge: Cambridge University Press, 1971.

[40] North D C, Thomas R P. The rise of the western world: A new economic history. Cambridge: Cambridge University Press, 1973.

[41] Nelson R R, Winter S G. In search of useful theory of innovation. Research Policy, 1977, 6 (1): 36 – 76.

[42] Nelson R R, Winter S G. Evolutionary theorizing in economics. The Journal of Economic Perspectives, 2002, 16 (2): 23 – 46.

[43] Dosi G. Technological paradigms and technological trajectories: A suggested interpretation of the determinants and directions of technical change. Research Policy, 1982, 11 (3): 147 – 162.

[44] Dosi G. Sources, procedures, and microeconomic effects of innovation. Journal of Economic Literature, 1988, 26 (3): 1120 – 1171.

[45] North D C. Economic performance through time. The American Economic Review, 1994, 84 (3): 359 – 368.

[46] Metcalfe J S. Technology systems and technology policy in an evolutionary framework. Cambridge Journal of Economics, 1995, 19 (1): 25 – 46.

[47] Freeman C. The "National System of Innovation" in historical perspective. Cambridge Journal of Economics, 1995 (19): 5 – 24.

[48] Nelson R R. National systems of innovation: A comparative study. Oxford: Oxford University Press, 1993.

[49] Barnes J A. Class and committees in a Norwegian island parish. Human Relations, 1954, 7 (1): 39 – 58.

[50] White H C, Boorman S A, Breiger R L. Social structure from multiple networks. I. block models of roles and positions. American Journal of Sociology, 1976, 81 (4): 730 – 780.

[51] Granovetter M S. The strength of weak ties. American Journal of Sociology, 1973, 78 (6): 1360 – 1380.

[52] Burt R S. Network items and the general social survey. Social Networks, 1984, 6 (4): 293 – 339.

[53] Freeman L C. Centrality in social networks conceptual clarification. Social Networks, 1978, 1 (3): 215 – 239.

[54] Bourdieu P. The social space and the genesis of groups. Theory and Society, 1985, 14 (6): 723 – 744.

[55] Coleman J S. Social capital in the creation of human capital. American

Journal of Sociology, 1988, 94: S95 – S120.

[56] Burt R S. Structural hole. Cambridge, MA: Harvard Business School Press, 1992.

[57] Polanyi K. The economy as instituted process. Chicago: Henry Regnery Company, 1957.

[58] Granovetter M. Economic action and social structure: The problem of embeddedness. American Journal of Sociology, 1985, 91 (3): 481 – 510.

[59] Nonaka I. A dynamic theory of organizational knowledge creation. Organization Science, 1994, 5 (1): 14 – 37.

[60] Davenport T H, Beers M C. Managing information about processes. Journal of Management Information, 1995, 12 (1): 57 – 80.

[61] Grant R M. Toward a knowledge-based theory of the firm. Strategic Management Journal, 1996, 17 (S2): 109 – 122.

[62] Allee V. The knowledge evolution: Expanding organizational intelligence. Boston: Butterworth – Heinemann, 1997.

[63] Davenport T H, De Long D W, Beers M C. Successful knowledge management projects. MIT Sloan Management, 1998, 39 (2): 43 – 57.

[64] O'dell C, Grayson C J. If only we knew what we know: Identification and transfer of internal best practices. California Management Review, 1998, 40 (3): 154 – 174.

[65] Darroch J, McNaughton R. Examining the link between knowledge management practices and types of innovation. Journal of Intellectual Capital, 2002, 3 (3): 210 – 222.

[66] Gandhi S. Knowledge management and reference services. The Journal of Academic Librarianship, 2004, 30 (5): 368 – 381.

[67] Du Plessis M. The role of knowledge management in innovation. Journal of Knowledge Management, 2007, 11 (4): 20 – 29.

[68] Argote L, Ingram P. Knowledge transfer: A basis for competitive advantage in firms. Organizational Behavior and Human Decision, 2000, 82 (1): 150 – 169.

[69] Teece D J. Capturing value from knowledge assets: The new economy, markets for know-how, and intangible assets. California Management Review, 1998, 40 (3): 55 – 79.

[70] Quintas P, Lefrere P, Jones G. Knowledge management: A strategic agenda. Long Range Planning, 1997, 30 (3): 385 – 391.

[71] Plessis du M, Boon J A. Knowledge management in eBusiness and customer relationship management: South African case study findings. International Journal of Information Management, 2004, 24 (1): 73 – 86.

[72] Gloet M, Terziovski M. Exploring the relationship between knowledge management practices and innovation performance. Journal of Manufacturing Technology, 2004, 15 (5): 402 – 409.

[73] Cohen W M, Levinthal D A. Absorptive capacity: A new perspective on learning and innovation. Administrative Science Quarterly, 1990, 35 (1): 128 – 152.

[74] Lane P J, Lubatkin M. Relative absorptive capacity and interorganizational learning. Strategic Management Journal, 1998 (19): 461 – 477.

[75] Dyer J H, Singh H. The relational view: Cooperative strategy and sources of interorganizational competitive advantage. Academy of Management Review, 1998, 23 (4): 660 – 679.

[76] Van den Bosch F A J, Volberda H W, de Boer M. Coevolution of firm absorptive capacity and knowledge environment: Organizational forms and combinative capabilities. Organization Science, 1999, 10: 551 – 568.

[77] Zahra S A, George G. Absorptive capacity: A review, reconceptualization, and extension. Academy of Management Review, 2002, 27 (2): 185 – 203.

[78] Hastbacka M. Open innovation：what's mine is mine … what if yours could be mine，too. Technology Management Journal，2004：1 – 4.

[79] Chesbrough H W，Vanhaverbeke W，West J. Open innovation：Researching a new paradigm. Oxford：Oxford University Press，2006.

[80] Lichtenthaler U. Open innovation：Past research，current debates，and future directions. The Academy of Management Perspectives，2011，25（1）：75 – 93.

[81] 王雎，曾涛. 开放式创新：基于价值创新的认知性框架. 南开管理评论，2011，14（2）：114 – 125.

[82] West J，Gallagher S. Challenges of open innovation：The paradox of firm investment in open-source software. R&D Management，2006，36（3）：319 – 331.

[83] Lichtenthaler U，Lichtenthaler E. A capability-based framework for open innovation：Complementing absorptive capacity. Journal of Management Studies，2009，46（8）：1315 – 1338.

[84] van de Vrande V，de Jong J P J，Vanhaverbeke W，de Rochemont M. Open innovation in SMEs：Trends，motives and management challenges. Technovation，2009，29（6 – 7）：423 – 437.

[85] Wincent J，Anokhin S，Boter H. Network board continuity and effectiveness of open innovation in Swedish strategic small-firm networks. R&D Management，2009，39（1）：55 – 67.

[86] Almirall E，Casadesus – Masanell R. Open versus closed innovation：A model of discovery and divergence. Academy of Management Review，2010，35（1）：27 – 47.

[87] Chiaroni D，Chiesa V，Frattini F. Unravelling the process from closed to open innovation：Evidence from mature，asset-intensive industries. R&D Management，2010，40（3）：222 – 245.

[88] Spithoven A，Clarysse B，Knockaert M. Building absorptive capacity to

organize inbound open innovation in traditional industries. Technovation, 2010, 30 (2): 130 – 141.

［89］du Chatenier E, Verstegen J A A M, Biemans H J A, Mulder M, Omta O S W F. Identification of competencies for professionals in open innovation teams. R&D Management, 2010, 40 (3): 271 – 280.

［90］Lee S, Park G, Yoon B, Park J. Open innovation in SMEs-an interme-diated network model. Research Policy, 2010, 39 (2): 290 – 300.

［91］Harison E, Koski H. Applying open innovation in business strategies: Evidence from Finnish software firms. Research Policy, 2010, 39 (3): 351 – 359.

［92］Jaspers F, van den Ende J. Open innovation and systems integration: How and why firms know more than they make. International Journal of Technology Management, 2010, 52 (3 – 4): 275 – 294.

［93］陈劲, 陈钰芬. 开放创新体系与企业技术创新资源配置. 科研管理, 2006, 27 (3): 1 – 8.

［94］杨静武. 开放式创新模式下的技术创新能力研究. 财经理论与实践, 2007 (2): 99 – 102.

［95］陈莞, 谢富纪. 开放式自主创新与其支撑体系互动机制研究. 科学学与科学技术管理, 2007 (3): 58 – 61.

［96］陈劲, 陈钰芬. 开放创新条件下的资源投入测度及政策含义. 科学学研究, 2007, 25 (2): 352 – 359.

［97］张震宇, 陈劲. 基于开放式创新模式的企业创新资源构成、特征及其管理. 科学学与科学技术管理, 2008a (11): 61 – 65.

［98］张震宇, 陈劲. 开放式创新环境下中小企业创新特征与实践. 科学学研究, 2008b, 26 (S2): 525 – 531.

［99］朱朝晖. 基于开放式创新的技术学习动态协同模式研究. 科学学与科学技术管理, 2009 (4): 99 – 103.

［100］葛沪飞，全允桓，高旭东．开放式创新下组织吸收能力概念拓展．
科学学与科学技术管理，2010（2）：46－52．

［101］刘振，陈劲．动态能力视角下的开放式创新模式初探．中国地质
大学学报，2010，10（5）：106－111．

［102］曹勇，贺晓羽．知识密集型服务业开放式创新的推进机制研究．
科学学与科学技术管理，2010（1）：59－64．

［103］Laursen K，Salter A. Open for innovation：The role of openness in ex-
plaining innovation performance among UK manufacturing firms. Strategic Manage-
ment Journal，2006，27（2）：131－150．

［104］Lichtenthaler U. Outbound open innovation and its effect on firm per-
formance：Examining environmental influences. R&D Management，2009，39
（4）：317－330．

［105］Asakawa K，Nakamura H，Sawada N. Firms' open innovation poli-
cies，laboratories' external collaborations，and laboratories' R&D performance.
R&D Management，2010，40（2）：109－123．

［106］Chiang Y H，Hung K P. Exploring open search strategies and per-
ceived innovation performance from the perspective of inter-organizational knowledge
flows. R&D Management，2010，40（3）：292－299．

［107］Hung K P，Chiang Y H. Open innovation proclivity，entrepreneurial
orientation，and perceived firm performance. International Journal of Technology
Management，2010，52（3－4）：257－274．

［108］Kim H，Park Y. The effects of open innovation activity on performance
of SMEs：The case of Korea. International Journal of Technology Management，
2010，52（3－4）：236－256．

［109］陈衍泰，何流，司春林．开放式创新文化与企业创新绩效关系的
研究——来自江浙沪闽四地的数据实证．科学学研究，2007，25（3）：567－
572．

［110］陈钰芬，陈劲．开放度对企业技术创新绩效的影响．科学学研究，2008，26（2）：419 – 426.

［111］袁健红，李慧华．开放式创新对企业创新新颖程度的影响．科学学研究，2009，12（12）：1892 – 1899.

［112］陈钰芬，陈劲．开放式创新促进创新绩效的机理研究．科研管理，2009，30（4）：1 – 9，28.

［113］陈钰芬．企业开放式创新的动态模式研究．科研管理，2009，30（5）：1 – 11.

［114］王海花，彭正龙，蒋旭灿．开放式创新模式下创新资源共享的影响因素．科研管理，2012，33（3）：49 – 55.

［115］Spender J C. Making knowledge the basis of a dynamic theory of the firm. Strategic Management Journal, 1996, 17（S2）：45 – 62.

［116］Trott P. The role of market research in the development of discontinuous new products. European Journal of Innovation Management, 2001, 4（3）：117 – 126.

［117］Cooper R G, Kleinschmidt E J. An investigation into the new product process: Steps, deficiencies, and impact. Journal of Product Innovation Management, 1986, 3（2）：71 – 85.

［118］Meyers P W, Tucker F G. Defining roles for logistics during routine and radical technological innovation. Journal of the Academy of Marketing Science, 1989, 17（1）：73 – 82.

［119］March J G. Exploration and exploitation in organizational learning. Organization Science, 1991, 2（1）：71 – 87.

［120］Song X M, Montoya – Weiss M M. Critical development activities for really new versus incremental products. Journal of Product Innovation, 1998, 15（2）：124 – 135.

［121］Poolton J, Barclay I. New product development from past research to future applications. Industrial Marketing Management, 1998, 27 (3): 197 –212.

[122] Griffin A. PDMA research on new product development practices: Updating trends and benchmarking best practices. Journal of Product Innovation Management, 1997, 14 (6): 429 –458.

[123] Cooper R G, Kleinschmidt E J. Benchmarking the firm's critical success factors in new product development. Journal of Product Innovation Management, 1995, 12 (5): 374 –391.

[124] Meyer M H, Roberts E B. New product strategy in small technology-based firms: A pilot study. Management Science, 1986, 32 (7): 806 –821.

[125] Cooper R G. New product strategies: What distinguishes the top performers? Journal of Product Innovation Management, 1984, 1 (3): 151 –164.

[126] Gatignon H, Xuereb J M. Strategic orientation of the firm and new product performance. Journal of Marketing Research, 1997, 34 (1): 77 –90.

[127] Ramesh B, Tiwana A. Supporting collaborative process knowledge management in new product development teams. Decision Support Systems, 1999, 27 (1 –2): 213 –235.

[128] 张先国, 杨建梅. 产品开发中的跨职能整合: 基于决策视角的综合. 科技管理研究, 2007, 27 (6): 234 –236.

[129] 郭贵林, 许允琪. 新产品开发项目中R&D – 营销界面整合实证研究——以我国部分IT企业为例. 科学学研究, 2008, 26 (A01): 136 –144.

[130] Cooper R G, Kleinschmidt E J. New products: What separates winners from losers? Journal of Product Innovation Management, 1987, 4 (3): 169 –184.

[131] Griffin A, Page A L. An interim report on measuring product development success and failure. Journal of Product Innovation Management, 1993, 10 (4): 291 –308.

[132] Sherman J D, Berkowitz D, Souder W E. New product development performance and the interaction of cross-functional integration and knowledge man-

agement. Journal of Product Innovation Management, 2005, 22 (5): 399 – 411.

[133] Li H, Bingham J B, Umphress E E. Fairness from the top: Perceived procedural justice and collaborative problem solving in new product development. Organization Science, 2007, 18 (2): 200 – 216.

[134] 赵林海, 林俊国. 中小企业产品创新绩效测度指标体系研究. 科技与管理, 2005 (5): 21 – 23.

[135] 周文光, 曹蓉, 黄瑞华. 基于知识产权风险的吸收能力与产品创新绩效之间关系研究. 科学学与科学技术管理, 2013 (9): 123 – 132.

[136] Drucker P F. The practice of management. New York: Harper Collins, 1954.

[137] Song X M, Parry M E. R&D-marketing integration in Japanese high-technology firms: Hypotheses and empirical evidence. Journal of the Academy of Marketing Science, 1993, 21 (2): 125 – 133.

[138] Miller D, Shamsie J. The resource-based view of the firm in two environments: The Hollywood film studios from 1936 to 1965. Academy of Management Journal, 1996, 39 (3): 519 – 543.

[139] Hooley G, Greenley G, Fahy J, Cadogan J. Market-focused resources, competitive positioning and firm performance. Journal of Marketing Management, 2001, 17 (9 – 10): 503 – 520.

[140] Hooley G J, Greenleya G E, Cadogana J W, Fahy J. The performance impact of marketing resources. Journal of Business Research, 2005, 58 (1): 18 – 27.

[141] Calantone R J, Schmidt J B, Song X M. Controllable factors of new product success: A cross-national comparison. Marketing Science, 1996, 15 (4): 341 – 358.

[142] Weerawardena J. The role of marketing capability in innovation-based competitive strategy. Journal of Strategic Marketing, 2003, 11 (1): 15 – 35.

［143］Song M，Droge C，Hanvanich S，Calantone R. Marketing and technology resource complementarity：An analysis of their interaction effect in two environmental contexts. Strategic Management Journal，2005，26（3）：259 –276.

［144］Zahra S A，George G. International entrepreneurship：The current status of the field and future research agenda. Cambridge，MA：Blackwell，2002.

［145］Dutta S，Narasimhan O，Rajiv S. Conceptualizing and measuring capabilities：Methodology and empirical application. Strategic Management Journal，2005，26（3）：277 –285.

［146］Schoenecker T，Swanson L. Indicators of firm technological capability：Validity and performance implications. IEEE Transactions on Engineering Management，2002，49（1）：36 –44.

［147］Hunt S D，Morgan R M. The comparative advantage theory of competition. Journal of Marketing，1995，59（2）：1 –15.

［148］Song X M，Parry M E. The R&D-marketing interface in Japanese high-technology firms. Journal of Product Innovation Management，1992，9（2）：91 –112.

［149］Maidique M A，Zirger B J. A study of success and failure in product innovation：The case of the U. S. electronics industry. IEEE Transactions on Engineering Management，1984，31（4）：192 –203.

［150］Souder W E. Managing new product innovations. Lexington，MA：Lexington Books，1987.

［151］Pisano G P. The R&D boundaries of the firm：An empirical analysis. Administrative Science Quarterly，1990，35（1）：153 –176.

［152］Tyler B B，Steensma H K. Evaluating technological collaborative opportunities：A cognitive modeling perspective. Strategic Management Journal，1995，16（S1）：43 –70.

［153］Cooper R G. Process a process model for industrial new product development. IEEE Transactions on Engineering Management, 1983, 30 (1): 2 – 11.

[154] Churchill G A. A paradigm for developing better measures of marketing constructs. Journal of Marketing Research, 1979, 16 (1): 64 – 73.

[155] DeSarbo W, Di Benedetto C A, Song M. A heterogeneous resource based view for exploring relationships between firm performance and capabilities. Journal of Modeling in Management, 2007, 2 (2): 103 – 130.

[156] Ogawa S, Piller F. Reducing the risks of new product development. MIT Sloan Management Review, 2006 (47): 65 – 72.

[157] Miller D. The structural and environmental correlates of business strategy. Strategic Management Journal, 1987, 8 (1): 55 – 76.

[158] John H D, Sarianna M L. The geographical sources of competitiveness of multinational enterprises: An econometric analysis original research article. International Business Review, 1998, 7 (2): 115 – 133.

[159] Dutton J E, Jackson S E. Categorizing strategic issues: Links to organizational action. The Academy of Management Review, 1987, 12 (1): 76 – 90.

[160] Prahalad C K, Krishnan M S. The new age of innovation: Driving co-created value through global networks. New York, NY: McGraw – Hill, 2008.

[161] Dougherty D. A practice-centered model of organizational renewal through product innovation. Strategic Management Journal, 1992, 13 (S1): 77 – 92.

[162] Cooper R G. Winning at new products: Accelerating the process from idea to launch. Cambridge, MA: Perseus, 2001.

[163] Page A L. Assessing new product development practices and performance: Establishing crucial norms. Journal of Product Innovation Management, 1993 (10): 273 – 290.

[164] West J. How open is open enough? Melding proprietary & open source

platform strategies. Research Policy, 2003, 32 (7): 1259 – 1285.

[165] Henkel J. Selective revealing in open innovation processes: The case of embedded Linux. Research Policy, 2006, 35 (7): 953 – 969.

[166] Chesbrough H W, Crowther A K. Beyond high tech: Early adopters of open innovation in other industries. R&D Management, 2006, 36 (3): 229 – 242.

[167] Krishnan V, Ulrich K T. Product development decisions: A review of the literature. Management Science, 2001, 47: 1 – 21.

[168] Ma C, Yang Z, Yao Z, Fisher G, Fang E. The effect of strategic alliance resource accumulation and process characteristics on new product success: Exploration of international high-tech strategic alliances in China. Industrial Marketing Management, 2012, 41 (3): 469 – 480.

[169] Brush C G, Greene P G, Hart M M. From initial idea to unique advantage: The entrepreneurial challenge of constructing a resource base. Academy of Management Executive, 2001 (15): 64 – 78.

[170] Sinnon D G, Hitt M A. Managing resources: Linking unique resources management and wealth creation in family firms. Entrepreneurship Theory and Practice, 2003, 27 (4): 339 – 358.

[171] Afuah, A. Innovation management: Strategies implementation and profits. New York, NY: Oxford University Press, 2003.

[172] Rosner M M. Economic determinants of organizational innovation. Administrative Science Quarterly, 1968, 12 (4): 614 – 625.

[173] Teece D J. Reflections on "profiting from innovation". Research Policy, 2006, 35 (5): 1131 – 1146.

[174] Gibson C B, Birkinshaw J. The antecedents, consequences, and mediating role of organizational ambidexterity. Academy of Management Journal, 2004, 47 (2): 209 – 226.

[175] Chang T J, Yeh S P, Yeh I J. New product knowledge sharing: Antecedents, the moderating role of OCB, and the consequence of NPD. Journal of Management Knowledge – Based Organizations, 2006, 23 (4): 437 –455.

[176] Gruner K E, Homburg C. Does customer interaction enhance new product success. Journal of Business Research, 2000, 49 (1): 1 –14.

[177] Olaon E L, Bakke G. Implementing the lead user method in a high technology firm: A longitudinal study of intentions versus actions. Journal of Product Innovation Management, 2001, 18 (6): 388 –395.

[178] Granstrand O, Bohlin E, Oskarsson C. Extemal technology acquisition in large multi-technology corporations. R&D Management, 1992, 22: 111 –133.

[179] Clark K B. Project scope and project performance: The effect of parts strategy and supplier involvement on product development. Management Science, 1989, 35 (10): 1247 –1263.

[180] Klevorick A K, Levin R C, Nelson R R, Winter S G. On the sources and significance of inter industry differences in technological opportunities. Research Policy, 1995, 24 (2): 185 –205.

[181] Faems D, Vail Looy B, Debaekere K. Interorganizational collaboration and innovation: Toward a portfolio approach. Journal of Product Innovation Management, 2005, 22 (3): 238 –250.

[182] Prügl R, Schreier M. Learning from leading-edge customers at the sims: Opening up the innovation process using toolkits. R&D Management, 2006, 36 (3): 237 –250.

[183] He Z L, Wong P K. Exploration vs. exploitation: An empirical test of the ambidexterity hypothesis. Organization Science, 2004, 15 (4): 481 –494.

[184] Nonaka I. The knowledge creating company. Harvard Business Review, 1991, 69 (11): 96 –104.

[185] Grabher G. The project ecology of advertising: Tasks, talents and

teams. Regional Studies, 2002, 36 (3): 245 - 262.

[186] Ahuja G, Katila R. Technological acquisitions and the innovation performance of acquiring firms: A longitudinal study. Strategic Management Journal, 2001, 22: 197 - 220.

[187] Leonard - Barton D. Core capabilities and core rigidities: A paradox in managing new product development. Strategic Management Journal, 1992, 13 (S1): 111 - 25.

[188] Gilbert C G. Unbundling the structure of inertia: Resource versus routine rigidity. Academy of Management Journal, 2005, 48: 741 - 763.

[189] Levinthal D A, March J G. The myopia of learning. Strategic Management Journal, 1993, 14 (2): 95 - 112.

[190] Roy A, Walters P G P, Luk S T K. Chinese puzzles and paradoxes: Conducting business research in China. Journal of Business Research, 2001, 52: 203 - 10.

[191] Miller D J. Technological diversity, related diversification, and firm performance. Strategic Management Journal, 2006, 27 (7): 601 - 619.

[192] 约瑟夫·阿洛伊斯·熊彼特. 经济发展理论: 对利润、资本、信贷、利息和经济周期的探究. 叶华, 译. 北京: 中国社会科学出版社, 2009.

[193] Li H Y, Atuahene G, Kwaku. The impact of interaction between R&D and marketing on new product performance: An empirical analysis of chinese high technology firms. International Journal of Technology Management, 2001, 21 (1): 61 - 75.

[194] Jarillo J C. On strategic networks. Strategic Management Journal, 1988, 9 (1): 31 - 41.

[195] Dyer J H, Hatch N W. Relation-specific capabilities and barriers to knowledge transfers: creating advantage through network relationships. Strategic Management Journal, 2006, 27 (8): 701 - 719.

［196］ Koka B R, Prescott J E. Designing alliance networks: the influence of network position, environmental change, and strategy on firm performance. Strategic Management Journal, 2008, 29 (6): 639 –661.

［197］ Ansoff H I. Strategies for diversification. Harvard Business Review, 1957, 35 (5): 113 –124.

［198］ 吴伟伟, 邓强, 于渤. 技术能力对新产品开发绩效的影响: 以技术管理为调节变量. 科学学研究, 2010 (3): 429 –435.

［199］ 姚山季, 王永贵. 顾客参与新产品开发及其绩效影响: 关系嵌入的中介机制. 管理工程学报, 2012 (4): 39 –48.

［200］ 秦剑. 研发/制造/营销跨职能整合与新产品开发: 产品创新性的差异效应研究. 中国管理科学, 2014, 22 (1): 130 –138.

［201］ Sirmon D G, Hitt M A, Arregle J L, Campbell J T. The dynamic interplay of capability strengths and weaknesses: investigating the bases of temporary competitive advantage. Strategic Management Journal, 2010, 31 (13): 1386 –1409.

［202］ Stieglitz N, Heine K. Innovations and the role of complementarities in a strategic theory of the firm. Strategic Management Journal, 2007, 28 (1): 1 –15.

［203］ Emirbayer M, Goodwin J. Network analysis, culture, and the problem of agency. American Journal of Sociology, 1994, 99 (6): 1411 –1454.

［204］ Laumann E O, Galaskiewicz J, Marsden P V. Community structure as interorganizational linkages. Annual Review of Sociology, 1978, 4: 455 –484.

［205］ Gulati R. Alliances and networks. Strategic Management Journal, 1998, 19: 293 –317.

［206］ Mouzas S. Marketing action in networks. European Journal of Marketing, 2006, 40 (11): 1271 –1291.

［207］ Kogut B, Shan W, Walker G. The make or-cooperate decision in the context of an industry network. In Nohria N and Eccles R (eds.), Networks and organizations. Cambridge, MA: Harvard Business School Press, 1992.

[208] Gulati R. Network location and learning: the influence of network resources and firm capabilities on alliance formation. Strategic Management Journal, 1999, 20: 397 – 420.

[209] Katila R, Ahuja G. Something old, something new: a longitudinal study of search behavior and new product introduction. Academy of Management Journal, 2002, 45 (6): 1183 – 1194.

[210] Wang Q, Tunzelmann N. Complexity and the functions of the firm: breadth and depth. Research Policy, 2000, 29 (7 – 8): 805 – 818.

[211] Tsai W. Knowledge transfer in intraorganizational networks: effects of network position and absorptive capacity on business unit innovation and performance. Academy of Management Journal, 2001, 44 (5): 996 – 1004.

[212] Bianchi P, Bellini N. Public policies for local networks of innovators. Research Policy, 1991, 20 (5): 487 – 497.

[213] Hagedoorn J, Schakenraad J. The effect of strategic technology alliances on company performance. Strategic Management Journal, 1994, 15 (4): 291 – 309.

[214] Montgomery C A, Wernerfelt B. Diversification, ricardian rents, and Tobin's q. The Rand Journal of Economics, 1988, 19 (4): 623 – 632.

[215] Huang Y F, Chen C J. The impact of technological diversity and organizational slack on innovation. Technovation, 2010, 30 (7 – 8): 420 – 428.

[216] Ramanujam V, Varadarajan P. Research on corporate diversification: a synthesis. Strategic Management Journal, 1989, 10 (6): 523 – 551.

[217] Chan Kim W, Hwang P, Burgers W. Global diversification strategy and corporate profit performance. Strategic Management Journal, 1989, 10 (1): 45 – 57.

[218] Drucker P F. The post captialism. New York: Harper & Row Publish-

er, 1993.

[219] Narula R, Hagedoorn J. Innovating through strategic alliances: Moving towards international partnerships and contractual agreements. Technovation, 1999, 19: 283 – 294.

[220] Glaister K W, Husan R, Buckley P J. Learning to manage international joint ventures. International Business Review, 2003, 12: 83 – 108.

[221] Inkpen A C, Dinur A. Knowledge management processes and international joint ventures. Organization Science, 1998, 9 (4): 454 – 468.

[222] Si S X, Bruton G D. Knowledge transfer in international joint ventures in transitional economies: The China experience. Academy of Management Executive, 1999, 13 (1): 83 – 90.

[223] Sinha D K, Cusumano M A. Complementary resources and cooperative research: A model of research joint ventures among competitors. Management Science, 1991, 37 (9): 1091 – 1106.

[224] Kwon Y C. Antecedents and consequences of international joint venture partnerships: A social exchange perspective. International Business Review, 2008, 17: 559 – 573.

[225] Lambe C J, Spekman R E, Hunt S D. Alliance competence, resources, and alliance success: Conceptualization, measurement, and initial test. Journal of the Academy of Marketing Science, 2002, 30: 141 – 158.

[226] Das T K, Teng B. A resource based theory of strategic alliances. Journal of Management, 2000, 26: 31 – 61.

[227] Fang E, Zou S. Antecedents and consequences of marketing dynamic capabilities in international joint ventures. Journal of International Business Studies, 2009, 40 (5): 742 – 761.

[228] Berdrow I, Lane H W. International joint ventures: Creating value through successful knowledge management. Journal of World Business, 2003, 38:

15 – 30.

[229] Stafford E R. Using co-operative strategies to make alliances work. Long Range Planning, 1994, 27 (3): 64 – 74.

[230] Park B I. Knowledge transfer capacity of multinational enterprises and technology acquisition in international joint ventures. International Business Review, 2011, 20: 75 – 87.

[231] Luo Y. Multinational corporations in China. Copenhagen: Copenhagen Business School Press, 2000.

[232] Lane P J, Salk J E, Lyles M A. Absorptive capacity, learning, and performance in international joint ventures. Strategic Management Journal, 2001, 22: 1139 – 1161.

[233] Lyles M A, Salk J E. Knowledge acquisition from foreign parents in international joint ventures: An empirical examination in the Hungarian context. Journal of International Business Studies, 1996, 27 (5): 877 – 903.

[234] Li J J, Poppo L, Zhou K Z. Relational mechanisms, formal contracts, and local knowledge acquisition by international subsidiaries. Strategic Management Journal, 2010, 31: 349 – 370.

[235] Anh P T T, Baughn C C, Hang N T M, Neupert K E. Knowledge acquisition from foreign parents in international joint ventures: An empirical study in Vietnam. International Business Review, 2006, 15: 463 – 487.

[236] Kim J, Finkelstein S. The effects of strategic and market complementarity on acquisition performance: Evidence from the US commercial banking industry, 1989 – 2001. Strategic Management Journal, 2009, 30 (6): 617 – 646.

[237] Luo Y. Toward coopetition within a multinational enterprise: A perspective of foreign subsidiaries. Journal of World Business, 2005a, 40: 71 – 90.

[238] Gold A H, Malhotra A, Segars A H. Knowledge management: An organizational capabilities perspective. Journal of Management Information Systems,

2001, 18 (1): 185 – 214.

[239] Tanriverdi H. Information technology relatedness, knowledge management capability, and performance of multibusiness firms. MIS Quarterly, 2005, 29 (2): 311 – 334.

[240] Zhao Z J, Anand J. A multilevel perspective on knowledge transfer: Evidence from the chinese automotive industry. Strategic Management Journal, 2009, 30 (9): 959 – 983.

[241] Fang E, Zou S. The effects of absorptive and joint learning on the instability of international joint ventures in emerging economies. Journal of International Business Studies, 2010, 41: 906 – 924.

[242] Kogut B, Zander U. Knowledge of the firm, combinative capabilities, and the replication of technology. Organization Science, 1992, 3 (3), 383 – 397.

[243] Hitt M A, Dacin M T, Levitas E, Edhec J A, Borza A. Partner selection in emerging and developed market contexts: Resource based and organizational learning perspectives. Academy of Management Journal, 2000, 44: 449 – 467.

[244] Powell W, Koput K, Smith – Doerr L. Interorganizational collaboration and the locus of innovation: Networks of learning in biotechnology. Administrative Science Quarterly, 1996, 41 (3): 116 – 145.

[245] Beamish P W, Banks J C. Equity joint ventures and the theory of the multinational enterprise. Journal of International Business Studies, 1987, 18 (2): 1 – 16.

[246] Buckley P J, Clegg J, Tan H. Cultural awareness in knowledge transfer to china-the role of Guanxi and Mianzi. Journal of World Business, 2006, 41 (3): 275 – 288.

[247] Child J. Predicting and understanding organization structure. Adminis-

trative Science Quarterly, 1973, 18 (2): 168 – 185.

[248] Kandemir D, Hult G T M. A conceptualization of an organizational learning culture in international joint ventures. Industrial Marketing Management, 2005, 34 (5): 430 – 439.

[249] Garvin D A. Building a learning organization. Harvard Business Review, 1993, Jul. -Aug.: 78 – 91.

[250] Simonin B L. An empirical investigation of the process of knowledge transfer in international strategic alliances. Journal of International Business Studies, 2004, 35 (5): 407 – 427.

[251] Slater S F, Narver J C. Market orientation and the learning organization. Journal of Marketing, 1995, 59 (3): 63 – 74.

[252] Hanvanich S, Richards M, Miller S R, Cavusgil S T. Technology and the effects of cultural differences and task relatedness: A study of shareholder value creation in domestic and international joint ventures. International Business Review, 2005, 14: 397 – 414.

[253] Meyer A D. Adapting to environmental jolts. Administrative Science Quarterly, 1982, 27 (4): 515 – 537.

[254] Huber G P. Organizational learning: The contributing processes and the literatures. Organization Science, 1991, 2 (1): 88 – 115.

[255] Porter M E. Competition in global industries. Boston, MA: Harvard Business School Press, 1986.

[256] Ireland R D, Hitt M A, Vaidyanath D. Alliance management as a source of competitive advantage. Journal of Management, 2002, 28 (3): 413 – 446.

[257] Nielsen B B, Gudergan S. Exploration and exploitation fit and performance in international strategic alliances. International Business Review, 2011, 21 (4): 558 – 574.

［258］Amabile T M. The social psychology of creativity. New York： Springer − Verlag，1983.

［259］Kotabe M，Jiang C X，Murray J Y. Managerial ties，knowledge acquisition，realized absorptive capacity and new product performance of emerging multinational companies：A case of China. Journal of World Business，2011，46：166 − 176.

［260］Fang E. The effect of strategic alliance knowledge complementarity on new product innovativeness in China. Organization Science，2011，22（1）：158 − 172.

［261］Inkpen A C. Creating knowledge through collaboration. California Management Review，1996，39：123 − 140.

［262］Sethi R，Smith D C，Park C W. Cross-functional product development teams，creativity，and the innovativeness of new consumer products. Journal of Marketing Research，2001，38（2）：73 − 85.

［263］Hansen M T. The search-transfer problem：The role of weak ties in sharing knowledge across organization subunits. Administrative Science Quarterly，1999，44（1）：82 − 111.

［264］Jaworski B J，Kohli A K. Market orientation：Antecedents and consequences. Journal of Marketing，1993，57（3）：53 − 70.

［265］Sinkula J，Baker W，Noordewier T. A framework for market-based organizational learning：Linking values，knowledge，and behavior. Journal of the Academy of Marketing Science，1997，25（4）：305 − 318.

［266］Luo Y. How important are shared perceptions of procedural justice in cooperative alliances? Academy of Management Journal，2005b，48：695 − 710.

［267］Kogut B，Singh H H. The effect of national culture in the choice of entry mode. Journal of International Business Studies，1988，19：411 − 432.

［268］Aiken L S，West S G. Multiple regression：Testing and interpreting interactions. Newbury Park，CA：Sage，1991.

［269］Tippins M J, Sohi R S. IT competency and firm performance：Is or-
ganizational learning a missing link? Strategic Management Journal, 2003, 24：
745－761.

［270］Nonaka I, Konno N. The concept of "ba"：Building a foundation for
knowledge creation. California Management Review, 1998, 40（3）：40－54.

［271］Huang Y，Vir Singh P, Srinivasan K. Crowdsourcing new product ide-
as under consumer learning. Management Science, 2014, 60（9）：2138－2159.

［272］Nonaka I, Keigo S, Ahmed M. Continuous innovation：The power of
tacit knowledge. in Shavinina, L（ed.）, International Handbook of Innova-
tion. New York：Elsevier, 2003.

［273］Quinn J B. The intelligent enterprise a new paradigm. Academy of Man-
agement Executive. 1992, 6（4）：48－63.

［274］Dhanaraj C, Parkhe A. Orchestrating innovation networks. Academy of
Management Review, 2006, 31（3）：659－669.

［275］Howe J. The rise of crowdsourcing. Wired, 2006, 14（6）：176－
183.

［276］Surowiecki J. The wisdom of crowds：Why the many are smarter than
the few and how collective wisdom shapes business, economies, societies, and na-
tions. New York：Doubleday, 2004.

［277］杰夫·豪. 众包. 牛文静，译. 北京：中信出版社，2009.

［278］Leimeister J M, Huber M, Bretschneider U, Krcmar H. Leveraging
crowdsourcing：Activation-supporting components for IT-based ideas competition.
Journal of Management Information Systems, 2009, 26（1）：197－224.

［279］Afuah A, Tucci C L. Crowdsourcing as a solution to distant search.
Academy of Management Review, 2012, 37（3）：355－375.

［280］Perry－Smith J E, Shalley C E. The social side of creativity：A static and dynamic social network perspective. Academy of Management Review, 2003, 28 (1): 89 – 106.

[281] Jeppesen L B, Lakhani K R. Marginality and problem-solving effectiveness in broadcast search. Organization Science, 2010, 21 (5): 1016 – 1033.

[282] Brabham D C. Crowdsourcing as a model for problem solving. The International Journal of Research into New Media Technologies, 2008, 14 (1): 75 – 90.

[283] Palacios M, Martinez – Corral A, Nisar A, Grijalvo M. Crowdsourcing and organizational forms: Emerging trends and research implications. Journal of Business Research, 2016, 69 (5): 1834 – 1839.

[284] Simula H, Ahola T. A network perspective on idea and innovation crowdsourcing in industrial firms. Industrial Marketing Management, 2014, 43 (3): 400 – 408.

[285] Poetz M K, Schreier M. The value of crowdsourcing: Can users really compete with professionals in generating new product Ideas? Journal of Product Innovation Management, 2012, 29 (2): 245 – 256.

[286] Piller F T, Walcher D. Toolkits for idea competitions: A novel method to integrate users in new product development. R&D Management, 2006, 36 (3): 307 – 318.

[287] Colombo G, Buganza T, Klanner I M, ROISER S. Crowdsourcing intermediaries and problem typologies: An explorative study. International Journal of Innovation Management, 2013, 17 (2): 1 – 24.

[288] Liu T X, Yang J, Adamic L A, Chen Y. Crowdsourcing with all-pay auctions: A field experiment on taskcn. Management Science, 2014, 60 (8): 2020 – 2037.

[289] Martinez M G. Solver engagement in knowledge sharing in crowdsourcing communities: Exploring the link to creativity. Research Policy, 2015, 44

（8）：1419－1430.

［290］Boons M, Stam D, Barkema H G. Feelings of pride and respect as drivers of ongoing member activity on crowdsourcing platforms. Journal of Management Studies, 2015, 52（6）：717－741.

［291］Kosonen M, Gan C, Vanhala M, Blomqvist K. User motivation and knowledge sharing in idea crowdsourcing. International Journal of Innovation Management, 2014, 18（5）：1450031－1－1450031－23.

［292］Chandler D, Kapelner A. Breaking monotony with meaning：Motivation in crowdsourcing markets. Journal of Economic Behavior & Organization, 2013, 90：123－133.

［293］Bonaccorsi A, Rossi C. Why open source software can succeed. Research Policy, 2003, 32（7）：1243－1258.

［294］Bayus B L. Crowdsourcing new product ideas over time：An analysis of the Dell IdeaStorm community. Management Science, 2013, 59（1）：226－244.

［295］孟韬，张媛，董大海. 基于威客模式的众包参与行为影响因素研究. 中国软科学, 2014, 12：112－123.

［296］Karger D R, Oh S, Shah D. Budget-optimal task allocation for reliable crowdsourcing systems. Operations Research, 2014, 62（1）：1－24.

［297］庞建刚. 众包社区创新的风险管理机制设计. 中国软科学, 2015, 2：183－192.

［298］郝琳娜，侯文华，张李浩，刘猛. 基于众包虚拟社区的诚信保障和信誉评价机制研究. 系统工程理论与实践, 2014, 11：2837－2848.

［299］Chiu C M, Liang T P, Turban E. What can crowdsourcing do for decision support? Decision Support Systems, 2014, 65：40－49.

［300］Budescu D V, Chen E. Identifying expertise to extract the wisdom of crowds. Management Science, 2014, 61（2）：267－280.

［301］Daly T M, Nataraajan R. Swapping bricks for clicks：Crowdsourcing

longitudinal data on Amazon Turk. Journal of Business Research, 2015, 68 (12):
2603 – 2609.

[302] Ebner W, Leimeister J M, Krcmar H. Community engineering for in-
novations: The ideas competition as a method to nurture a virtual community for in-
novations. R&D Management, 2009, 39 (4): 342 – 356.

[303] Hippel E, Krogh G. Open source software and the "private-collective"
innovation model: Issues for organization science. Organization Science, 2003, 14
(2): 209 – 223.

[304] Magnusson P R. Exploring the contributions of involving ordinary users
in ideation of technology-based services. Journal of Product Innovation Management,
2009, 26 (5): 578 – 593.

[305] Fang E, Palmatier R W, Evans K R. Influence of customer participa-
tion on creating and sharing of new product value. Journal of the Academy of Market-
ing Science, 2008, 36 (3): 322 – 336.

[306] Nambisan S, Sawhney M. Orchestration processes in network-centric
innovation: Evidence from the field. The Academy of Management, 2011, 25
(3): 40 – 57.

[307] Prescott E C, Visscher M. Organization capital. The Journal of Political
Economy, 1980, 88 (3): 446 – 461.

[308] Fiol C M. Squeezing harder doesn't always work: Continuing the search
for consistency in innovation research. Academy of Management Review, 1996, 21
(4): 1012 – 1021.

[309] Damanpour F. Organizational innovation: A meta-analysis of effects of
determinants and moderators. Academy of Management Journal, 1991, 34 (3):
555 – 590.

[310] Luca L M D, Atuahene – Gima K. Market knowledge dimensions and
cross-functional collaboration: Examining the different routes to product innovation

performance. Journal of Marketing, 2007, 71 (1): 95 – 112.

[311] Pisano G P. Knowledge, integration, and the locus of learning: An empirical analysis of process development. Strategic Management Journal, 1994, 15 (S1): 85 – 100.

[312] Zhou K Z, Li C B. How knowledge affects radical innovation: Knowledge base, market knowledge acquisition, and internal knowledge sharing. Strategy Management Journal, 2012, 33 (9): 1090 – 1102.

[313] Wiklund J, Shepherd D. Knowledge-based resources, entrepreneurial orientation, and the performance of small and medium-sized businesses. Strategic Management Journal, 2003, 24 (13): 1307 – 1314.

[314] McEvily S K, Chakravarthy B. The persistence of knowledge-based advantage: An empirical test for product performance and technological knowledge. Strategic Management Journal, 2002, 23 (4): 285 – 305.

[315] Ahuja G, Katila R. Where do resources come from? The role of idiosyncratic situations. Strategic Management Journal, 2004, 25 (8 – 9): 887 – 907.

[316] Beneito P. The innovative performance of in-house and contracted R&D in terms of patents and utility models. Research Policy, 2006, 35 (4): 502 – 517.

[317] Wuyts S, Dutta S, Stremersch S. Portfolios of interfirm agreements in technology-intensive markets: Consequences for innovation and profitability. Journal of Marketing, 2004, 68 (2): 88 – 100.

[318] Bayus B L. Speed-to-market and new product performance trade-offs. Journal of Product Innovation Management, 1997, 14 (6): 485 – 497.

[319] Liu Y. Word-of-mouth for movies: Its dynamics and impact on box office receipts. Journal of Marketing, 2006, 70 (3): 74 – 89.